乒乓球教学创新探索与理论实践

王伊蕾　著

中国原子能出版社

图书在版编目（CIP）数据

乒乓球教学创新探索与理论实践 / 王伊蕾著. --北京：中国原子能出版社，2023.9

ISBN 978-7-5221-3021-7

Ⅰ. ①乒… Ⅱ. ①王… Ⅲ. ①乒乓球运动–体育教学–教学研究 Ⅳ. ①G846.2

中国国家版本馆 CIP 数据核字（2023）第 189127 号

乒乓球教学创新探索与理论实践

出版发行	中国原子能出版社（北京市海淀区阜成路 43 号　100048）
责任编辑	杨晓宇
责任印制	赵　明
印　　刷	北京天恒嘉业印刷有限公司
经　　销	全国新华书店
开　　本	787 mm×1092 mm　1/16
印　　张	13
字　　数	187 千字
版　　次	2023 年 9 月第 1 版　2023 年 9 月第 1 次印刷
书　　号	ISBN 978-7-5221-3021-7　　**定　价　72.00 元**

发行电话：010-68452845

前 言

乒乓球运动不受季节和气候的影响，也不受年龄、性别和身体条件的限制，场地、设备和器材较简单，具有球小而轻、击球距离近、速度快、变化多而复杂、趣味性强等特点，深受人们喜爱。乒乓球是我国的“国球”，已经成为我国人民群众一个重要的社会化符号。长久以来，我国乒乓球运动的水平在国际乒坛的领先地位无可撼动，引领着世界乒乓球运动的发展。然而，这种发展状况既有利也有弊。我们应当清醒地认识到我国乒乓球运动的水平长期在世界上占据垄断和统治地位，对项目本身发展来说并非一件益事。只有乒乓球运动竞技水平和赛事水平在全世界范围内得到提高，这项运动才算得到真正的发展。

当前，乒乓球运动的职业化和产业化得到进一步的完善与发展，并已融入越来越多爱好者的生活中。但乒乓球运动创新性理论还有待进一步发展。因此，对乒乓球运动的理论与实践进行深入研究与剖析就显得尤为必要，这能为世界乒乓球运动的健康发展提供一定的借鉴与思路，从而推动世界乒乓球运动的可持续发展。

本书共分五章：第一章为乒乓球运动简况与发展，内容包括乒乓球运动的起源、中国乒乓球运动的发展历程、现代乒乓球的发展趋势和国内外乒乓球运动发展现状分析；第二章为乒乓球运动的常识，主要从乒乓球运动的基本站位与姿势、乒乓球运动的基本环节和动作结构、乒乓球运动常用术语及主要特点、球拍的种类及性能、乒乓球运动的五大竞技要素展开介绍；第三章为乒乓球运动的基本战术与技术教学，内容包括乒乓球运动基本战术的研究与教学，乒乓球运动基本技术的研究与教学，乒乓球的握拍法、步法及接发球的教学；第四章为乒乓球教学训练的创新，讲述乒乓球训练的创新发展、乒乓球运动技术的实践训练创新、乒乓球战术的实践训练创新、乒乓球不同练习法在实践中的应用；第五章为乒乓球教学方法与模式的创新，主要内容有乒乓球运动教学的原则、乒乓球运动教学的方法创新、乒乓球教学理念及模式的创新。

本书内容系统全面，论述条理清晰、深入浅出。在撰写本书的过程中，笔者得到了许多专家学者的帮助和指导，参考了大量的学术文献，在此表示真诚的感谢！

由于笔者水平有限，加之时间仓促，书中难免存在一些疏漏，恳请同行专家和读者朋友批评指正！

目　录

第一章

乒乓球运动简况与发展

本章主要讲述乒乓球运动简况与发展，内容包括乒乓球运动的起源、中国乒乓球运动的发展历程、现代乒乓球的发展趋势和国内外乒乓球运动发展现状分析。

第一节　乒乓球运动的起源

乒乓球运动属于隔网对抗的技能类体育项目，运动员在中间隔有横网的长 274 cm、宽 152.5 cm、高 76 cm 的球台上进行比赛。按竞赛规则，运动员各站球台一侧，用球拍击球，击法有推挡、攻球、削球、搓球、拉球等。须待球在台上反弹后才能还击过网，以球落在对方台面上为有效，将球击中对方桌面迫使对手回球出界、落网或犯规。乒乓球直径 40 mm，重量 2.7 g，白或橙色，用赛璐珞或类似材料制成，无光泽，击打时有“乒乓”声，故得名。比赛以 11 分为 1 局，采用 3 局 2 胜、5 局 3 胜或 7 局 4 胜制，由奇数局组成。比赛项目有团体和单项两种，团体赛分为男子团体和女子团体；单项比赛分为男子单打、男子双打、女子单打、女子双打和男女混合双打。

一、乒乓球运动的由来与演变

关于乒乓球运动的起源，众说纷纭。根据体育史专家的考证，乒乓球运动创始于英国，并由网球运动派生而来。

19 世纪后半叶，由于受到网球运动的启示，在一些英国大学生中流行着一种类似现在乒乓球运动的室内游戏，叫作“戈西马（Goossime）”或“弗利姆-弗拉姆”（Flim-Flam）。它没有统一规则，有 10 分、20 分为一局的，也有 50 分或 100 分为一局的。发球时可将球直接发到对方台面，亦可把球先发到本方台面再跳至对方台面。所用器材和今天的大不一样，球拍是空心的，用羊皮纸贴成，形状为长柄椭圆形。为了不损坏家具，往往在橡胶或软木实心球外包一层轻而结实的毛线。有时在饭桌上支起网来打；有时索性就在地板上用两把椅子当作支柱，中间挂起网来打。虽然打起来不算激烈，但颇有一番乐趣。

大约在 1890 年，有位名叫詹姆斯·吉布（James Gibb）的英格兰人在美国旅行时，偶然发现了一种用赛璐珞制成的空心玩具球，其弹跳力很强。于是，他就将这种球稍加改进，制成了类似今天所用乒乓球的球，后来逐步在英国和世界各地推广起来。也许因为此球在桌上弹跳会发出“乒乒乓乓”的声音，英国一家体育用品公司首先在广告中使用“乒乓”（ping-pong）一词。就这样，“乒乓球”之名形成。

第一次世界大战爆发后，原已在欧洲得到了较好开展的乒乓球运动不得不停顿了一个时期。20 世纪 20 年代后，在蒙塔古等人的推动下，一度被冷落的乒乓球运动又重新在英国活跃起来，英国组织了一些由各地选手参加的全英乒乓球赛。1926 年，英国乒乓球协会发现“乒乓”（ping-pong）一词是商业注册名称，而且自身缺乏代表性，因此便解散了原组织，并重新成立了“桌上网球”（table tennis）协会。“table tennis”这个词一直沿用了数十年，国际乒联至今还采用这个名字。汉语的“乒乓球”是从声音上得名的，但将其翻译成英文时，仍为“table tennis”。在日语里，乒乓球叫作“桌球”。乒乓球运动中的很多用词源自网球运动，乒乓球叫 ping-pong ball 或 table-tennis ball，乒乓球台叫 ping-pong table，台面称 court，中间的球网称 net，支撑球网的架子叫 net support。乒乓球单项比赛一般采取 3 局

2胜、5局3胜或7局4胜制，所谓“局”，英文是 set。

二、乒乓球球拍的演变过程

球之所动，始于其拍。球拍是乒乓球运动中的一项重要器材，其拍面覆盖物的组合不同，底板质地也因人而异，因此是乒乓球运动员唯一能够发挥主观能动性的核心器材。乒乓球运动兴起之时，人们横握球拍。1902年乒乓球运动传入日本之后，出现了直握球拍方法。由此，体育史专家推断：东西方人吃饭时握刀叉和拿筷子的区别造成了早期握拍法的不同，握拍法与人类的生活习惯紧密相连。

球拍从开始的两面贴着羊皮纸、中间是空洞的长柄球拍，演变成光木拍和贴着软木或砂纸的短柄球拍，然后人们又陆续发明了胶皮拍、海绵拍、正贴海绵拍和反贴海绵拍、长胶粒球拍、生胶粒球拍、防弧圈海绵胶皮拍、碳纤维底板拍、新型胶皮拍等。现在选手们使用的是特制的附有齿粒的橡胶胶皮，朝上或朝下覆盖在海绵表面并粘贴在木制或者碳素的球拍上（均无光泽，一面为黑色，另一面为与黑色及比赛用球颜色有明显区别的鲜艳颜色）。

球拍的变革使得乒乓球的打法更为多元化，赛场竞争性进一步加剧，观赏性进一步增强，胜负的偶然性进一步增加，技术要求和难度增大，技术难度以及运动员的可塑空间加大。这些从运动技术的角度增加了乒乓球现代竞技体育的性质，使之于1988年走入了现代奥林匹克竞技体育的殿堂。

后来，乒乓球直径由38 mm变为40 mm，球的速度和旋转相对减弱，击球的力量需要相应加大，底板、海绵和胶皮都要重新适应这种新情况，继而出现了较硬层底板和较软层底板，日本发明了“炸弹海绵”，出现了胶皮的黏性得到了提高等一些相对细微的新变化。

球拍的标准化与多样化塑造了乒乓球运动的个性化，使参与这一运动的人有了更多的个性化选择。与此同时，丰富的乒乓球拍类型对乒乓器材的产业化和市场化产生了主体推动作用，乒乓球运动的产品市场竞争力由此而得到了突破。面对多元化的需求、多元化的市场和多元化的竞争，在乒乓球竞赛规则下的乒乓球拍出现“百花齐放、百家争鸣”的局面，在更大程度上增强乒乓球运动的竞争性，并由此开启了乒乓球器材文化的积淀。

第二节　中国乒乓球运动的发展历程

中国乒乓球运动无论是群众基础，还是竞技水平，都可以说是当今乒坛的霸主。乒乓球作为我国的国球，越来越受到人们的关注，这里简要讲述中国乒乓球运动发展的相关知识。

一、中国乒乓球运动的发展

中国乒乓球运动是从日本传入的，握拍方法是直握。

20 世纪初，日本明治维新之后，日本从落后的封建社会逐渐向资本主义社会过渡，日本的工业生产有了迅速的发展，新兴的资本主义势力从国内扩大到国外寻找商品市场。于是，在地理位置上接近日本的中国就成了日本资本家们推销商品、采购原料的主要海外市场。

日本许多工商业主纷纷在中国沿海城市，如上海、天津、广州等地设立商业机构，把大量的商品推销到中国市场，于是乒乓球运动也随着商业的交往以及日本工商业主的频繁往来来到中国。

1904 年，上海四马路一家文具店的经理从日本买来 10 套乒乓球器材（球台、球网、球和带洞眼的球拍）摆设在店中，他亲自做打乒乓球的表演并介绍在日本看到的打乒乓球的情况，从此，中国开始有了乒乓球运动。

1916 年，中华基督教青年会上海分会童子部添设了乒乓球房和球台，在学生中开展乒乓球运动。之后在北京、天津、广州几个大城市也开展了该项运动，但是参加的人数很少。

1925 年，上海举行了各种杯赛，其中最大的杯赛是中华队与旅华日侨的“秋山杯”赛，因为奖杯是日本商人秋山捐赠的，故比赛以他的名字命名。从此，中日两国开始了乒乓球运动的交往。

1927 年，中华队赴日本进行访问比赛；同年 8 月，参加了在上海举行的第 8 届远东运动会中日乒乓球表演赛。

1930 年，中国队参加了在东京举行的第 9 届远东运动会乒乓球比赛，由于技术水平不高，胜少负多。

1935 年，中华全国乒乓球协进会成立，其组织了全国性乒乓球竞赛大会，但只有上海、天津、浙江、江苏、南京、青岛、香港、澳门等几个队参赛。同年 1 月，国际乒联来电邀请我国加入国际乒联并参加第 9 届世界乒乓球锦标赛，由于经费没有着落，未能实现。

早期的乒乓球运动水平很低，开始是直握球拍，球拍是木板，没有胶皮和海绵覆盖，球拍的规格也不一致，击球速度很慢，一般只会推来挡去。1937—1948 年，水平稍有提高，球拍由木质改为胶皮拍，开始有了较快速的进攻，削球也开始出现。

1952 年，在北京举行了由 62 名男女选手参加的“第一次全国比赛大会”。同年，中华全国体育总会乒乓球部加入了国际乒联。

1959 年，中国乒乓球队首次获得了世界冠军。中国乒乓球队从此开始长盛不衰，取得辉煌成绩，始终处在世界乒乓球运动的最高层次，以独特的“乒乓王国”形象，得到了全国和全世界人民的赞扬和认同。乒乓球运动在我国已形成“普及—提高—再普及—再提高”的良性循环。

20 世纪五六十年代，乒乓球几乎渗入工矿学校、机关单位、街头巷尾的每个角落。各级单位经常举行各种各样的、不同规模的乒乓球比赛。据国家体委不完全统计，当时我国有 9 000 万人不同程度地参加了乒乓球运动。今天，为提高全民族的身体素质，进一步振奋民族精神，在积极推行全民健身计划的浪潮中，乒乓球运动在我国又变得时尚起来，越来越多的人在课余、工余进行乒乓球运动。

乒乓球运动作为一种传统体育项目和社会文化现象，其健身、娱乐和教育的自然属性受到人们的重视，其政治、经济、科研、外交等社会属性也随着社会的不断进步、社会生活的丰富、体育功能的不断开发表现出来。

我国的乒乓球运动不仅仅着眼于高水平的那一小部分人，作为一个文化类型，它是一个由低到高不同水平的广泛“系列”。中国乒乓球运动长期重视后备队伍的建设，构建了一条“人才生产线”，在全力抓好一线队伍建设的同时，花大力气抓二线、三线队伍的建设，采取一系列有力的措施，扎扎实实培养后备人才。一大批世界冠军都是从小学、基层体校逐级“打”上来的。

中国乒协与中央电视台合作，创造性地举办了 CCTV 杯、爱立信中国乒乓球擂台赛。国际乒乓球擂台赛已包括 17 岁以下国际青少年擂台赛，既有高水平的竞技，又检阅了青少年的水平。中国乒协通过电视屏幕把乒乓球知识传入千家万户，把竞技性、观赏性、娱乐性、知识性融为一体，有力推动了乒乓球运动的进一步普及和开展。

（一）中华人民共和国成立前的乒乓球运动

1904 年，乒乓球运动从日本传入中国。随后这项运动逐渐在北京、上海、天津、青岛、广州等大城市开展起来，并在全国举行了不同规模、一定数量的国内国际乒乓球赛事。中华基督教青年会上海分会童子部首先开设乒乓球房，共有球台 9 张，但一般市民无缘入内。1918 年，上海率先成立全市的乒乓球联合会和其他一些组织，不少球队纷纷建立，并于 1923 年首次举办了比赛。同年，全国乒乓球联合会在上海诞生。1935 年，中华全

国乒乓球协进会成立，发起并组织了第一届全国乒乓球比赛。当时的中国乒乓球运动不仅技术水平低，而且组织比赛的能力也很有限。

（二）中华人民共和国成立后的乒乓球运动

中华人民共和国成立后，在党中央和人民政府的大力支持下，乒乓球运动得到了迅速的普及。1952 年 10 月，举办了新中国第一次全国乒乓球比赛大会。赛后组建了中国乒乓球队。

1. 乒乓球运动的开展

1953 年，我国首次参加了第 20 届世界乒乓球锦标赛（简称世乒赛）。1959 年，我国优秀运动员容国团第一次夺得世界乒乓球锦标赛男单冠军，这标志着我国乒乓球运动在世界崛起。1961 年，我国主办了第 26 届世界乒乓球锦标赛。在这届比赛中，我国运动员一举夺得 3 项冠军，包括争夺最为激烈的男团冠军，获得斯韦思林杯。从此，我国的乒乓球运动走在了世界的前列，并带动了全国群众性乒乓球运动的开展。

2. 乒乓球运动的技术发展

面对欧洲运动员水平的提高，发展快攻技术是有效提高我国运动员竞赛能力的关键。中国乒乓球界提出用反胶打快攻的设想，随后，直拍正胶又加入了拉上旋小弧圈和快带、推挤等对付弧圈球的技术。1971 年第 31 届世乒赛，中国队获得男团、女单、女双和混双冠军；1973 年第 32 届世乒赛，中国队仅获得男女单打和混双冠军；1975 年第 33 届世乒赛只获男女团体冠军；1977 年第 34 届世乒赛，中国队不仅获得男女团体冠军，还获得男双和女双的冠军；1979 年第 35 届世乒赛，中国队在有女子参赛的项目上均获得冠军，而 3 个男子项目的第一名均被外国选手获得，中国男队的全面失利引起了我国乒乓界的高度重视。

3. 乒乓球运动的辉煌发展

1981 年第 36 届世乒赛上，中国队一举夺得全部比赛项目的 7 个冠军和 5 个单项的全部亚军，创造了世乒赛的历史记录。在以后的 3 届世乒赛中，中国队每届都获得 6 项冠军。4 届比赛共有锦标 28 个，中国队获得 25 项冠军，占冠军总数的 89.29%[①]。

中国队在这一时期取得好成绩的主要原因是大胆用新人。第 36 届世乒赛与匈牙利争夺男团冠军时，3 名上场队员平均年龄只有 20 岁。第 37 届世乒赛男团决赛中，第一次参加世界比赛的江嘉良和谢赛克为中国队再次夺得斯韦思林杯。第 38 届世乒赛，男队又是依靠新人在团体决赛中以 5:0 完胜瑞典队。这个时期，堪称中国乒乓球运动发展的第二个高峰期。

4. 乒乓球运动的新征程

自 20 世纪 90 年代起，世界乒坛朝着多元化方向发展，世界各国球队向我国球队发起严峻的挑战。第 41 届世乒赛，男队成绩跌落到第 7 名，女队也败于朝鲜南北联队，屈居亚军。赛后，中国队内部认真地总结经验教训，加强技术创新，重视新人的培养。终于，在第 42 届世乒赛上，中国队获得女团、男双、女双和混双 4 项冠军和男团亚军，走出了低谷。

此后，中国队始终处于世界乒坛最高峰。在第 44 届、45 届世乒赛和 2000 年悉尼奥运会上，中国队战绩辉煌，为长盛不衰 40 年的中国乒乓球在“小球时代”画上了圆满的句号。

纵观历史，中国乒乓球运动既有辉煌的历史，也有失败的痛楚。但值得自豪的是，中国乒乓球队的“乒乓精神”，激励着一代又一代的运动员不懈奋斗，不断钻研，不断创新，一直保持着我国乒乓球运动在世界上的领先地位。

二、中国乒乓球队的发展历程

乒乓球被世人公认为中国的“国球”，中国乒乓球队为中国取得了一百多个世界冠军。中国乒乓球队从成立到成长为世界乒乓球技术水平最强的球队，经历了一个艰难曲折、不屈不挠的奋斗过程。

---

① 李荣芝，顾楠. 乒乓球运动的历史与文化［M］. 上海：同济大学出版社，2016.

（一）球队的成立与发展

1952 年底，中国乒乓球队正式成立。

1953 年春，中国乒乓球队首次参加了在布加勒斯特举行的第 20 届世界乒乓球锦标赛，团体赛中男队被评为一级队第十名，女队被评为二级队第三名。

1954 年、1955 年中国选手没有参加世界乒乓球锦标赛，但分别参加了第 12 届世界大学生运动会和第 2 届国际青年友谊运动会的乒乓球比赛，比赛中中国选手初露锋芒，取得了较好的成绩，开始引起国际乒乓球界的注意。

1956 年 3 月，我国参加了第 23 届世乒赛，男队上升为一级队第六名，女队由二级队上升为一级队。

1957 年，我国选手参加了在斯德哥尔摩举行的第 24 届世乒赛，中国男、女队分别战胜了种子队罗马尼亚队和英国队，双双获得了决赛权。男队队员王传耀在团体赛中打败了日本优秀选手荻村伊智朗，初步显示了直拍两面攻和左推右攻打法的威力，男队由一级队第六名上升为第四名，女队由一级队第十一名上升为第三名。

（二）球队的世乒赛成绩

1958 年，我国乒乓球队回顾几年的奋斗历程，分析了与欧洲国家和日本队的情况，认为外国人能办到的事，我们中国运动员也一定能办到。广东运动员容国团第一个制订出夺取世界冠军的计划，他带领我国运动员向世界体育高峰进军。

1959 年，在第 25 届世界乒乓球锦标赛上，容国团为中国夺取了第一个世界冠军，提前两年实现了自己公开立下的誓言。

1961 年，在我国举行的第 26 届世界乒乓球锦标赛中，平均年龄只有 21 岁的中国队首次夺取了男子团体世界冠军，邱钟惠为我国夺取了第一个女子单打世界冠军，庄则栋获得了男子单打世界冠军。我国选手总共取得

了 3 项世界冠军、4 项第二名和 8 项第三名的好成绩。

在第 26 届世界乒乓球锦标赛上取得的成绩，不仅大大鼓舞了中国所有的乒乓球运动员，也推动了全国乒乓球运动的蓬勃发展，在数以千万计的青少年中掀起了“乒乓球热”。

1963 年，在第 27 届世界乒乓球锦标赛上，中国男队继续保持优势，不仅蝉联了男团、男单冠军，张燮林和王志良还为我国夺取了第一个男子双打世界冠军。但女队的成绩不理想，不仅丢掉了女子单打世界冠军，女子团体也由亚军降为第三名。

第 27 届世乒赛后，为了准备第 28 届世界乒乓球锦标赛，男队主要解决“从头越”的问题，而女队则着重解决如何打好翻身仗的问题。1965 年，在第 28 届世界乒乓球锦标赛上，女队打了一个漂亮的翻身仗，首次夺取了女子团体世界冠军，林慧卿和郑敏之为我国夺取了第一个女子双打世界冠军。男队又蝉联了男子团体、男子单打、男子双打世界冠军，男、女队还获得了 5 项第二名、6 项第三名的成绩。

从那时开始，国际舆论普遍认为中国是“世界头号乒乓球国家”。1971 年，我国参加了第 31 届世界乒乓球锦标赛，虽然各国乒乓球技术的提高，尤其是欧洲乒乓球运动的复兴，使力量的对比发生了很大的变化，但是我国乒乓球队不断进行创新，既坚持以自我为主又吸取国外的长处，从而不断丰富自己的打法，取得了更优异的成绩。

在 1981 年第 36 届世界乒乓球锦标赛上，中国乒乓球取得了前所未有的优异成绩，获得了全部比赛的 7 项冠军，5 个单项的决赛也是在中国选手之间进行的，创造了世界乒坛 55 年来由一个国家包揽冠军的空前纪录。1983 年至 1987 年的 3 届世界乒乓球锦标赛上，中国乒乓球队又连续 3 次夺得 6 项世界冠军。从第 36 届到 39 届世乒赛期间，中国乒乓球队称霸了世界乒坛。

从 1988 年乒乓球运动出现在奥运会赛场上开始，欧洲乒坛率先进入职业化，这极大地促进了欧洲乒乓球技术的发展。而此时我国乒乓球运动发

展得相对较慢，在第 40 届世界乒乓球锦标赛上，中国男队丢掉了全部冠军；1991 年，欧洲男队囊括了第 41 届世乒赛团体前 5 名，中国男队仅列第 7 名，女队则败给朝鲜南北联队，丢掉了蝉联 8 届的女团考比伦杯。

失利之后，中国队痛定思痛，狠抓队伍管理，整顿队风，重振旗鼓，大树志气、骨气、杀气，加快了培养新人和技术创新的步伐。

经过长达 6 年的卧薪尝胆，我国乒乓球队终于在 1995 年第 43 届世乒赛上，夺回了男子团体及男子单打世界冠军，继 1981 年囊括冠军之后，历时 14 年，中国乒乓球队又一次从低谷奋起，第二次囊括全部比赛的 7 项冠军。

从第 44 届世乒赛开始到现在，中国队一直保持着优势，再次形成“世界打中国”的格局。

（三）球队的奥运会成绩

1983 年，国际奥委会决定从 1988 年第 24 届汉城（现首尔）奥运会开始增设乒乓球项目。这个时期正是我国男选手青黄不接的非常时期。20 世纪 80 年代的 5 届世乒赛，一共有 35 个奖杯，中国队虽然夺得 28 个，占总数的 80%，但在这期间，一届一届的卫冕战，一次比一次难打。各国加强了对中国队的研究，并以在世乒赛 7 个项目中的任何一项、任何一轮中打败中国选手为荣。中国乒坛在 20 世纪 80 年代中期曾叫喊过“狼来了”，以引起选手们的警惕。

第 40 届世界乒乓球锦标赛后，面对中国男队的全面失败，中国乒乓球界制定了卧薪尝胆、赶超欧洲的措施和计划，其中之一就是将奥运会项目中的男子双打作为重振辉煌的突破口，果然大获成功。

我国乒乓健儿在 1988 年第 24 届汉城奥运会上，发扬敢打敢拼的优良品质，勇夺女子单打和男子双打两项冠军，与东道主韩国队平分秋色，在整个中国代表团的金牌榜中占据了五分之二的席位。

在 1992 年巴塞罗那第 25 届奥运会上，中国队保持了男子双打冠军和女子单打冠军，又首次夺得了女子双打金牌，男双这枚金牌成为中国男队走出低谷的一个重要转折点。

在1996年亚特兰大奥运会上，中国队首次夺得了男子单打冠军，并首次在这项全世界最重大的赛事中囊括乒乓球比赛金牌。在2000年的悉尼奥运会上，中国队再创奇迹，又一次包揽了奥运会的4项冠军，为长盛不衰的中国乒乓球在“小球时代”画上了圆满的句号。

进入“大球时代”后，面对国际乒联一次又一次对中国队极为不利的规则改变，中国乒乓球界发扬以往的奋斗精神，再创辉煌。在2004年希腊奥运会上，中国队再次获得男双、女单、女双3项冠军；在2008年北京奥运会上，第3次囊括奥运会4项冠军；在2012年伦敦奥运会、2016年里约奥运会、2020年东京奥运会上中国队分别获得了奥运会4项冠军。

第三节　现代乒乓球运动的发展趋势

作为我国的“国球”，乒乓球运动的发展是非常快的。在这一发展过程中，乒乓球运动表现出了诸多发展趋势，这势必会对乒乓球运动的未来发展发挥出指向性的作用。现代乒乓球运动的主要发展趋势表现为进攻更为积极主动，打法愈发凶狠，技能特长突出，技术全面、无明显漏洞，战术更加灵活多变，而且乒乓球运动与现代社会的融合越来越明显。

一、现代乒乓球运动的发展方向

（一）强调乒乓球打法

随着我国乒乓球技术的发展，高水平的运动员必须具备积极主动、打法凶狠的能力，这种能力能够使运动员加快击球速度、加大击球力量、加强抢攻意识。同时，由于弧圈球技术非常受欢迎，其发展很快，因此击球的力量、速度和球的旋转大大加强，使得运动员在比赛中一旦处于被动地

位，便很难翻身，特别是在发球、发球抢攻和接发球这 3 种传统意义上的“前三板”技术方面表现得非常明显。

因此，在现代乒乓球的发展中，比赛更加趋向于先起板、多进攻的打法，强调打法凶狠，要争取对对方形成全面的控制。这是乒乓球运动的主要发展方向之一。

（二）熟练掌握技术

优秀的乒乓球运动员不仅应具备突出的特长，并且要在特长突出的基础上，熟练掌握多种技术，做到没有明显的技术短板，“一精多能”。

技术全面、没有明显漏洞听上去比较容易实现，但是实践起来却并没有那么容易。就拿以进攻型打法为主的运动员来说，他们也必须具备一定的防守能力。相反，以防守为主的运动员也不能在进攻上一无是处。

一个运动员前三板技术好，并不是说他在相持时的实力不强。发球以旋转为主的运动员，对发球的速度或落点也要加以钻研。会发短球的运动员也应在长球的发球上有很好的技术来配合其技术长处。发球后能抢攻对方拉过来的上旋球的同时也要能抢攻对方搓过来的下旋球。面对进攻型选手打得很好，也要具备足够的手段来对付防守型选手。这些是一名优秀运动员不可缺少的技术。

（三）具备特长

对于运动员来说，特长突出是指具备独特的拿手技术，即通常人们所说的“绝招”。一名运动员的特长越是明显，那么他也就拥有更多对方不具备的绝招，也就拥有更强的技战术水平。乒乓球大多数项目是个人竞赛项目，因此，个人技术的优劣对比赛的胜负起着决定性作用。

在欧洲以弧圈球为主和快攻结合弧圈的球打法更加成熟，中国队直拍快攻和直横拍快攻结合弧圈球打法不断创新发展的情况下，乒乓球运动员如果想在成绩上取得更大的突破，必须做到技术先进全面、没有明显漏洞。只有前三板球能积极抢先上手，并且具备相持中争得主动的能力，才可在比赛中赢得主动权，最终取得比赛的胜利。

二、乒乓球运动与现代社会的结合

每一项体育运动的发展都离不开社会环境，乒乓球运动也不例外。乒乓球运动在我国开展得最为普及，而且取得的效果最好，这无疑与我国的社会环境有着密切的关系。在此，我们对乒乓球运动与现代社会中多种元素的关联度、融合度进行逐一分析。

（一）促进价值观念与竞争意识的建立

1. 价值观念的形成

价值观念不仅是文化观念的核心，也是文化精神的集中体现，还是人们对社会经济活动的价值判断或价值取向。乒乓球运动对价值观念的影响主要体现在以下 3 个方面。

（1）乒乓球运动对价值观的形成有促进作用

体育比赛中要求遵循公正的重要原则，因此，乒乓球运动过程中的交流是平等的，这对于人们之间的和睦相处与和谐的人际关系建立非常有利。

（2）乒乓球运动的平等体现

各个年龄段的男女人群都可以加入乒乓球运动，享受乒乓球运动带来的身心愉悦。在乒乓球比赛中，人人都有获胜的权利，因此，人们可以通过自己的努力来取得胜利，并尽情享受胜利所带来的欢快。

（3）形成积极正确的人生观

要想在乒乓球比赛中取得好成绩，必须要经过十几年甚至二十几年的磨砺。也就是说，如果运动员没有吃苦耐劳、持之以恒的精神意志是无法通过这些磨砺的，而一旦能够做到，就会推动积极人生观的形成。

2. 竞争意识的形成

所谓竞争，即为了某一方面的利益与他人争胜。在当今社会，竞争无

处不在，而且越来越激烈。这就要求我们必须建立良好的竞争意识，掌握合理的竞争手段。具体来说，应该做到以下几个方面。

（1）提升自身实力

乒乓球比赛的一个重要规则是优胜劣汰。也就是说，运动员的资历、年龄等因素并不是主要影响因素。要想取得比赛的胜利，就必须通过各种方式和手段使自身的实力得到全面提升。

（2）比赛中要公平公正

乒乓球比赛中机会均等。运动员参与比赛的一系列流程都充分体现着公平。在比赛中，规则对每个运动员都一样，要求运动员公平竞争。

（3）胜不骄、败不馁

任何比赛都是既有胜利也有失败。如果胜利了，要记得，那只属于过去，不要沉溺于荣誉而无法自拔。此外，每一项比赛只有一个冠军，这就意味着更多的人会失败。但是，一次失败并不意味着永远没有夺得冠军的机会，因此，应该学会在失败中总结经验教训，调整好心态，为下一次冠军的争夺做好准备。

（二）促进协作与个性的形成

1. 团结协作意识的形成

（1）协作意识在乒乓球运动中的体现

协作就是协调合作、齐心协力。协作意识是体育意识的基本内容之一。合作既是人的一种气概和才能，也是增强协作生存能力的充分体现。

协作精神在乒乓球运动中得到了充分体现，练习过程中，如果没有队员之间的协作，就不会取得良好的练习效果；比赛中，只有场内选手与场外指导、双打中的队友相互协作，才能够取得好的成绩，争取比赛的胜利。因此，培养协作意识是非常重要的。但是，形成协作意识并不是一蹴而就的，而是需要经过长期的锻炼才能逐渐建立起来。

（2）乒乓球运动有利于提高协作能力

现代社会对人才的要求越来越高，良好的协作能力就是其中的基本要求之一。在这个整体、全面发展的新时代，仅凭个人力量取得重大成就的可能性越来越小。只有通过多人的相互配合，综合利用各人的长处与优势，才能够提高实现重大成就的概率。同时，这些重大成就还要求每一个参与者都必须具备良好的协作能力。而乒乓球运动便是培养队员协作能力的有效途径之一。

2. 运动员个性的形成

一个人在其生理和心理素质的基础上，在一定社会条件下，通过实践、锻炼和积累，逐步形成的观念、态度、习惯和行为，就是个性。具体来说，个性不仅是一个人比较稳定的心理、生理素质和社会行为特征的总和，还是一个人能否适应社会或能否被社会接受的关键因素。乒乓球运动与个性形成的关系具体表现如下。

（1）良好的自我约束能力

乒乓球运动队伍的管理是借助于一定的管理体制的，管理非常严格。这就要求运动员无论是否取得优异的成绩，都必须遵守团队的管理机制，不能任由自己自由发挥，这有利于逐渐形成良好的自我约束能力。

（2）积极进取精神

在乒乓球运动中，运动员要想取得理想的练习效果和比赛成绩，就必须具备较高的技战术水平和良好的心理素质，而想要具备这两个方面条件，离不开顽强、拼搏、进取精神的支持。这种进取精神对个性的形成与发展也具有重要的意义。

（3）高度责任感

乒乓球运动不仅对人们的自我意识、自我约束能力和进取向上的精神产生一定的影响，而且在一定程度上对参与者的责任感和良好的道德品质

的形成有着积极的意义。在乒乓球运动中，人们能够通过各种情感体验逐渐形成良好的道德品质。

（三）有助于人际关系的建立

人际关系的建立是对人与社会联系的反映。从社会学角度来说，对人际关系的改善产生影响的因素主要有：沟通能力、对身体语言的理解和使用能力、自我意识水平等。乒乓球运动可对这些影响因素产生直接影响。

1. 乒乓球运动可以提高沟通能力

沟通可以使双方交流情感、思想。乒乓球运动必须有两个甚至更多的队员参与才能够完成，而且每一个动作都需要教练员的讲解和指导。这时候就需要队员之间、教练员与运动员之间进行充分的沟通与交流，否则就达不到预期的训练效果。这也是乒乓球运动可以提高人的沟通能力的重要原因。

2. 乒乓球运动可以提高身体协调性

身体语言是人们交流的重要方式之一，合理使用身体语言是社交必备的能力。不同的身体语言所含寓意也有一定的差异性。在日常生活中，有身体语言参与交流和沟通，生活会更加丰富多彩。在乒乓球运动中，身体语言的理解和使用能力同样非常重要。乒乓球运动不仅能够增强参与者的协调性和柔韧性，而且能够通过将内涵和外观统一结合的方式，使参与者的身体语言得到良好的培养，并使其在人际交往中发挥作用。

3. 乒乓球运动可以提高自我意识水平

现代社会人与人之间的交往越来越含蓄，为了保持自身的清醒，就必须提高自我意识水平。在乒乓球运动中，保持良好的自我意识水平也具有非常重要的意义。教练员会对运动员进行相关的提醒与指导，但这并不是持续的，需要运动员具有一定的自我意识能力，时时刻刻提醒自己不断改进和提高自己的技战术水平与心理素质，并且对自己的社交技能进行客观评价，从整体上提高自身的综合素质和能力，为赢得比赛奠定坚实的基础。

（四）影响现代的生活方式

受现代社会快速发展的影响，人们的生活方式呈现出节奏越来越快的趋势，但也出现了一些问题，如劳动量减少，人们在双休日虚度时光等。乒乓球运动能够使现代生活方式得到有效改善。

1. 缓解疲劳

体力劳动逐渐减少，脑力劳动日渐增长，这是现代生活方式的特点之一。脑力劳动产生的疲劳会对神经系统产生直接的影响，使神经中枢的反射速度和大脑皮层的工作效率大大降低。乒乓球运动能够使大脑皮层的紧张和劳累得到缓解，疲劳的神经系统得到休息，肢体的运动也能使紧张的精神得到缓解，全身的平衡性得到有效调节。因此，乒乓球运动对于疲劳的消除具有重要意义。

2. 调节生活节奏

在社会迅速发展的影响下，人们的生活节奏变得越来越快。过于快速的生活节奏对人们的身体和心理会产生不利的影响。这就需要寻找合理的方式和途径来对生活节奏进行调节。由于乒乓球运动对人体神经系统和心血管系统的调节有着积极的影响，因此，经常参加乒乓球运动的人，通常反应比较灵敏，动作比较协调。乒乓球运动不仅能够使人体对快节奏生活的应变能力和适应能力得到提高，而且对人们克服对快节奏生活的抵触、恐惧、烦忧、焦虑等心理障碍有积极作用，能够抑制身心的紧张，从而减少快节奏生活和工作带来的负面影响。

3. 丰富生活内容

在现代社会中，人们对生活标准的要求越来越高，单纯的物质条件已经满足不了现代人们对生活质量的要求，人们需要在闲暇时间进行增强身体健康的运动，其中，乒乓球运动是首选项目之一。首先，乒乓球运动对技术和运动负荷的要求相对较低，且没有相互的身体冲撞，具有较高的安

全性；其次，小球变幻莫测地飞行给人们带来了无限乐趣；最后，进行乒乓球运动锻炼，不仅能够缓解疲劳、增强体质，而且能够联系情感、广交朋友、改善人际关系。

（五）影响社会氛围

工作、生活中周边环境的状况就是所谓的氛围。和谐愉悦的氛围有利于身心健康、精神振奋，能使人们在工作时感到轻松，生活得有意义。乒乓球运动对于和谐氛围的营造有着积极的推动作用，具体如下。

1. 乒乓球运动使人交友广泛

乒乓球运动具有广泛的群众基础，参与者众多，在运动中，会接触到不同职业、不同年龄、不同性别的人。在长时间的共同锻炼中，大家会因为共同爱好自然而然地熟悉和交往起来，这种人际关系中不涉及目的性和不良企图，这对于纯洁、亲密、融洽的朋友交往意义重大。另外，在乒乓球运动中结交越来越多的朋友，和好朋友一起打球，这不仅有利于乒乓球技战术水平的提高，而且能够充实生活，这对于工作和生活也具有积极的促进作用。

2. 乒乓球运动能稳定人们心态

尽管乒乓球运动是一项对抗性运动，但却没有直接的身体接触。其比赛的实质为在一网之隔的情况下，双方在技术和心理上斗智斗勇，没有直接的冲撞。这一较为文明的运动项目能够使人心态平和、努力练习，提高个人的技术和战术，提高自身的身体素质，从而使技战术水平得到有效提高。经过长期的乒乓球运动练习，参与者能形成从自身找问题、找不足、找缺点的习惯，还有利于校正自我、认识自我、提高自我的心理模式的形成。

（六）体育精神在乒乓球运动中的体现

乒乓球运动不仅使勇于拼搏、敢于进取、不屈不挠等体育精神和意志品质得到锻炼和培养，而且其独特的风格和魄力有利于参与者的心灵净化，从而使人们在日积月累的乒乓球练习中提高对公平、真诚的认识及促进彼此友谊的升华。

1. 形成遵守规则的观念

在乒乓球运动中的每个环节都必须遵循公平原则。公平原则能够约束组织者，指导执行者，规范参与者。因此，乒乓球比赛有着严谨的规章制度，很少出现不公平的现象。公平、公正是保证每个人在运动过程中享受权利的重要原则。比赛一旦丧失了这一原则，一切都无从说起。另外，乒乓球之所以发展成为“国球”，有越来越多的人参与其中，这离不开公平、公正的基本体育精神。

2. 形成以诚待人的观念

乒乓球比赛中通常会有一些约定俗成的行为规范。例如，我们会在乒乓球比赛中看到这样的情况：当一个回合结束后，裁判员给甲加 1 分，但是甲用手一指，裁判员经核实后去掉甲的 1 分，转而将 1 分给乙加上。之所以会出现这一幕，可能是乙打过来的球是一个除了甲谁也看不到的“擦边球”，虽然从裁判的角度，认为这个球是乙的失误，将分数加给了甲，但是甲非常诚实地指出这一球并非乙的失误，并要求裁判员更正。这就是乒乓球比赛中诚实的体现。

3. 架起友谊的桥梁

乒乓球运动可以增进友谊。在乒乓球运动中，不仅可以使人与人之间能够更加深入地了解彼此，更加信任彼此，而且能够促进两个单位间的合作。除此之外，乒乓球运动对中国的外交也有过积极的作用，所以才会有“乒乓外交”这一说法。由此可以看出，小小的乒乓球已经超出了体育运动范畴，为各国人民架起友谊的桥梁。

第四节　国内外乒乓球运动发展现状分析

一、国内与国外的乒乓球运动的发展问题与探究

（一）国外乒乓球运动的发展

1. *政府未重视乒乓球运动*

实时性提供坚硬的后备力量是促进乒乓球运动持久发展的重要保障。只有在良性的循环机制下开展后备人才培养工作，才能系统化地调整并创新传统打法、技术，从而为攀登世界乒坛高峰奠定坚实的基础。但是和足球、篮球这些热门的体育运动项目相比，乒乓球在各国普遍没有得到政府的高度重视，所以各国对乒乓球运动的人力、物力、财力等资源的投入有限，这导致世界乒坛专业人才的培养得不到持续供应，人才断层现象严重。

2. *发展理念落后*

虽然乒乓球运动是在欧洲国家兴起的，但最终是靠中国将这项运动发扬光大的，这主要是因为其他国家不够重视乒乓球的发展，而且发展理念落后，教练员在定位训练、比赛理念等方面不到位，特别是没有准确把握乒乓球运动的规律，导致乒乓球发展层次受限的问题愈发严重。

（二）我国乒乓球运动发展的危机

1. *未成功落实计划*

近些年，我国为了推广乒乓球运动，缩小别国与我国的差距，提出了“养狼计划”，主要是鼓励中国高水平的教练员和运动员出国交流，或让外国乒乓球运动员来华接受训练，提高他们的运动水平，缩小差距。这项计划的提出是为了将乒乓球运动推广到全世界，整体提高全球乒乓球运动的发展水平。

我国在实施“养狼计划”的几年，取得的效果甚微。其实在提出该计划前，中国乒乓球队就采用“走出去，请进来”的方法为其他国家乒乓球运动的发展提供帮助。但因为当时我国主要实施“奥运争光”计划，所以援外计划保守谨慎。“养狼计划”相对较为开放，但效果也不是很明显。这主要与计划实施时间短、举国体制影响、对计划整体把握不足等因素有关。虽然我们不能把所有的技术尤其是核心的内容全盘托出，但大多数内容还是可以传播出去的，否则“养狼计划”就无法真正落实，援外也只会成为口号，不利于世界乒乓球运动的发展。

2. 垄断奖牌的影响

长期以来，中国在世界乒坛一直处于顶峰。虽然国际上采取了一些措施来普及乒乓球运动，但中国的地位依然没有被动摇。我国不仅在奥运会等世界性的乒乓球比赛中包揽金牌，还对大批优秀运动员进行培养。一家独大的局面在一定程度上影响了乒乓球运动在全球的推广，使其他国家失去了发展乒乓球运动的热情和信心，甚至有关乒乓球不再被列入奥运会比赛项目的传闻也多次出现，一旦传闻成为现实，我国乒乓球运动的发展必然会受到影响。

3. 没有足够的乒乓球运动话语权

虽然我国是世界乒乓球大国，但是没有足够的话语权，主要表现在以下方面。

（1）我国在国际乒联担任主要职务的人员较少。

（2）乒乓球比赛规则的制定也反映了我国话语权的缺失。以前的乒乓球比赛中允许遮挡发球，后来的规则改为无遮挡发球，赛制改为 11 分制，用球改为大球，表面上乒乓球的观赏性得到了提高，但也影响了中国乒乓球运动的发展。例如，改用大球后，打球的力量必须要更大一些，但中国人的身体条件一般不及外国人，所以打球的力量也较弱。使用大球后，球速减慢，回合增多，外国选手取得胜利的机会也就增加了。面对这些规则的变化，中国乒协缺少话语权，不得不服从，从而影响了中

国乒乓球运动的发展。

4. 乒乓球人才流失

虽然我国培养了一大批优秀的乒乓球运动员，但同时也存在着人才流失的问题，主要原因如下。

（1）中国不乏优秀的乒乓球运动员，但每年的赛事毕竟是有限的，所以每个运动员的参赛机会相当有限，竞争非常激烈，新运动员更是缺少机会，甚至不得不加入外籍才能获得参赛机会。

（2）运动员总是不断追求突破与更好的发展。我国乒乓球队中有很多高水平人才，但一般教练员更重视主力队员，非主力运动员受关注少，他们为了获得更好的发展，只好加入外籍，代表其他国家参加国际赛事，争取获得好名次来实现自己的价值。

二、世界乒乓球运动的改革措施

（一）加强对本土运动员的培养

中国是乒乓球强国，所以要发挥榜样作用，辅助其他国家提升乒乓球运动员的技术实力，促进世界乒乓球运动的协调发展。纵观世界乒乓球大赛，中国选手获得冠军的情况占绝大多数，长此以往，其他国家和地区发展乒乓球运动的积极主动性必然会受到影响。长远来看，要想提高世界乒乓球运动的全球化层次，必须鼓励各国大力培养本土运动员。现在，韩国、日本等国家已经重视培养乒乓球后备人才队伍的工作，法国、俄罗斯等国的乒乓球运动员也会在一些国际大赛中成为黑马，和我国专业选手抗衡。事实证明，只有保持乒乓球运动在世界各国的平衡发展，乒乓球运动的地位才会在世界体坛逐渐显现出来。

（二）加强与各国密切交流

国际乒联一直以来都在采取一些推动世界乒乓球运动平衡发展的改革

措施，希望削减中国的优势地位，使各国都能在乒乓球竞技比赛中感受到趣味。但至今我国乒乓球在整体上依然保持着绝对的优势。可见单纯的改革和削减没有明显效果，应鼓励各国培养本土人才，同时鼓励各国乒乓球人员进行开放性交流。例如，鼓励欧洲打开大门进行乒乓球运动交流，鼓励俱乐部之间运动员的相互切磋交流。又如，吸引外国运动员加入中国乒乓球联赛，促进国内外运动员的切磋交流，通过交流及时发现个人问题，从而有针对性地加以纠正与完善，共同进步。国外选手经过长期的交流与切磋，技术实力会得到提升，那时就会迎来世界乒坛的新格局。

（三）加强全民运动

从宏观视角来看，当前世界乒乓球运动发展失衡主要是因为我国在这项运动上一直在寻求突破，不断创新，而西方国家本身就不够重视乒乓球运动。我国在乒乓球项目上的绝对优势和美国篮球运动的长期主导、英国斯诺克的垄断等相似，即使世界各国都想均衡发展，但是各个国家的优势项目的人气依然不会因此而减退。

客观来看，欧洲人相对来说还是比较喜欢乒乓球运动的，但和网球、斯诺克等项目相比，乒乓球主流赛事呈现出的计划经济色彩比较浓厚，比赛形式比较传统，如奥运会、世锦赛等，少有商业色彩明显的公开赛。可见乒乓球赛事的组织形式单一传统，不够丰富多元，对此，应设计举办一些商业性的经典乒乓球赛事，让更多的人看到这项运动的魅力，增加全世界的乒乓球迷和乒乓球人口。例如，可以组织亚洲冠军杯赛事，邀请俱乐部专业选手参加，促进交流，发挥乒乓球运动的魅力，提升乒乓球的国际影响力。

三、国内乒乓球运动的改革发展

（一）提升我国在国际的影响力

“一带一路”倡议广受国际社会关注，在国际上有很大的影响力。乒乓球运动是文化的一部分，我们应向“一带一路”合作伙伴传播乒乓球文化，从而使中国“国球”在世界上的影响力不断扩大。

（二）另辟蹊径，培养国外乒乓球运动员

为了更好地发展，我国要积极培养国外运动员，科学实施“养狼计划”，授之以渔，让外国乒乓球运动员变得强大，共同进步，主要可以从以下几方面着手。

（1）向国外输出好的陪练。

（2）向他国派送高水平的教练员，帮助提高他国乒乓球运动员的运动水平。

（3）邀请国外运动员来华同中国乒乓球选手一起训练。

（4）吸引外国乒乓球选手参加我国的乒超联赛。

（5）将先进技术传授给国外运动员，不能过于保守。

（三）提升我国在国际乒联的话语权

要提升我国在国际乒联的话语权，主要应该从以下几方面努力。

（1）深入解读乒乓球规则，清楚了解规则，正确把握规则的核心。

（2）增加在国际乒联中高层管理人员的人数。

（3）加强经济、科技、军事建设，增强国家硬实力，进而提升软实力，增加话语权。

（四）完善人才流通渠道

为避免人才流失，我国应开拓合理的人才流通渠道，并不断完善各种渠道，主要措施如下。

（1）给每位有实力的运动员提供平等的参赛机会，激发其训练热情和积极性。

（2）关注非主力运动员，不断提高其技术水平，提升其实战能力，使其获得心理上的安慰，并增强其自信心和归属感。

（3）努力帮助非主力运动员实现个人价值。

第二章

乒乓球运动的常识

本章讲述乒乓球运动的常识，介绍了乒乓球运动的基本站位与姿势、乒乓球运动的基本环节和动作结构、乒乓球运动常用术语及主要特点、球拍的种类及性能、乒乓球运动的五大竞技要素。

第一节　乒乓球运动的基本站位与姿势

保持合理的站位和正确的姿势能够帮助运动员及时移步并采用多种技术还击来球，使运动员的技术得到正常发挥。

一、乒乓球运动的基本站位

站位即站的位置，步法即如何进入站位状态，没有熟练的步法，就无法在接球时准确无误地站位。

乒乓球运动中，在接发球时，应根据对方和个人的打法特点选择相应的站位方式，其基本站位的范围大小、站位点选择也不相同。

站位是否正确通常会影响一名球员在比赛中的发挥。如果站位正确，在比赛中会觉得应付自如，有利于保持稳定的击球姿势和向任何一个方向的迅速移动，反之则会自乱阵脚。站位越好，接球时必须跨越的距离就越短。所以应该重视站位的重要性，这样就可以及时迅速地接住对方的每一个来球。基本站位应当与不同的打法相适应。基本站位一般可以分为以下几种类型。

（一）基本站位——快攻类

左推右攻打法的基本站位在近台中间偏左；两面攻打法的基本站位在近台中间，如图 2-1-1 所示。

图 2-1-1　快攻类站位

（二）基本站位——弧圈型

以弧圈球为主的打法，基本站位在中台偏左的位置，如图 2-1-2 所示。

图 2-1-2　弧圈型站位

（三）基本站位——削攻型

攻削结合打法的基本站位在中台附近，如图 2-1-3 所示。以削为主打法的基本站位在中远台附近，如图 2-1-4 所示。

图 2-1-3　攻削结合站位

图 2-1-4　以削为主站位

二、乒乓球运动的基本姿势

击球前，身体重心置于两脚之间。两脚平行站立，略宽于肩。双脚前掌内侧着地，脚跟微提，便于移动身体。两膝微屈、内扣，小腿略内旋，以增加运动肌群。含胸收腹，上体略前倾。执拍手（以右手执拍为例）手臂自然弯曲，直握拍时肘部略向外张，手腕放松；横握拍时肘部向下，前臂自然平举。球拍置于腹部前方 20～40 cm 右侧。非执拍手自然弯曲，置于腹前左侧，用来维持身体平衡，如图 2-1-5 所示。

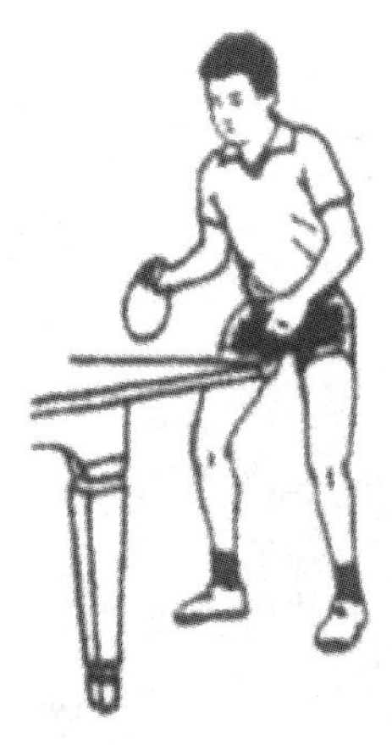

图 2-1-5　基本姿势

击球前的基本姿势和基本站位并不是绝对的，可根据技术特点、运动员自身特点、打法类型等进行调整。

第二节　乒乓球运动的基本环节和动作结构

一、击球的基本环节

（一）判断

判断来球决定着运动员的脚步移动和还击方法。判断来球的主要内容包括判断来球的线路、旋转强弱、落点远近、速度快慢、旋转性

质等。

1. 来球路线的判断

判断来球的线路主要从以下几个方面着手。一是根据球通过球网时的位置判断来球的线路。例如，对方站在球台右角击球，球从球网的中间越过，来球一般是斜线球；球从球网的左边越过，则是直线球。二是根据对方击球时的拍面方向判断来球的线路。例如，对方站在球台右角击球，球拍触球时拍面正对己方右角，来球一般是斜线球；拍面正对己方的左角，则是直线球。

2. 来球旋转程度的判断

根据对方击球时的触球情况判断来球的旋转强度。对方击球时若摩擦多撞击少，则来球旋转较强；若撞击多摩擦少，则来球旋转较弱。

3. 来球的落点位置

根据球的飞行弧线判断来球的落点远近。来球飞行弧线的最高点若在对方台区上空，则来球落点距网较近；若在本方台区上空，则来球落点离网较远。

4. 来球的速度

根据对方击球挥拍的幅度、力量与速度来判断来球的速度快慢。一般来说，挥拍幅度越大、力量越大、速度越快，来球速度就会越快；反之，挥拍幅度越小、力量越小、速度越慢，来球速度就会越慢。

5. 来球的旋转性质

判断来球的旋转性质主要应注意以下几个方面。

一是根据对方击球时球拍挥动的方向判断来球的旋转性质。一般来说，对方由下（上）向上（下）挥拍击球为上（下）旋球；由左（右）向右（左）挥拍击球为右（左）侧旋球；由左上（右上）向右下（左下）挥拍击球为右（左）侧下旋球；由左下（右下）向右上（左上）挥拍击球为右（左）侧上旋球。二是根据球的飞行情况和着台反弹情况判断来球的旋转性质。带上旋的球在空中飞行时，前段慢、后段快、着台反弹冲力大；带下旋的球在空中飞行时，前段快、后段慢、着台反弹冲力小。旋转越强，以上现象越明显。

6. 乒乓球运动过程中的注意事项

判断来球，需要运动员具有较强的应变能力和观察能力，在具体的比赛中要特别注意观察对方击球时球拍触球瞬间的动作，切勿被对方的假动作所迷惑。同时，还应把己方上次回球的旋转、落点、速度等情况及其对对方击球的影响考虑进去，从而做出正确的判断。

（二）脚步移动

在对战中，由于乒乓球的速度快，且变化复杂，因此，需要移步来抢占有利的击球位置。例如，在还击来球过程中，脚步移动好，能够迅速抢占有利的击球位置，提高回球的命中率和击球质量。反之，脚步移动差便难以抢占有利的击球位置，勉强击球必然会破坏正确的击球动作，从而影响回球的命中率和击球质量。

由于乒乓球的特性，运动员在完成脚步移动时，既要有快速的反应能力、对来球的准确判断能力，还要还击果断、启动及时、步法灵活、身体协调。

综上所述，在乒乓球实际教学和训练中，要注意以下几点。一是要培养运动员的快速反应能力，这是移步的前提。二是要培养运动员判断来球的能力，这是移步准确性的保障。三是要努力提高启动速度和位移速度，这是移步的关键。四是要把步法练习与手法练习紧密结合起来。

（三）击球

击球是 4 个基本环节中的中心环节，要完成高质量的击球，必须以及时的还原为前提，以准确的判断为依据，以迅速到位的移动为保证。在击球过程中，需要的是综合技能，运动员既要根据对方的回球情况、自己的打法特点来果断确定还击方法，又要合理运用击球技术，力求取得最佳的击球效果。要特别注意把握好击球距离、用力方向与击球部位、击球点、

触拍部位、击球时间和力量运用。

1. 注意击球距离

击球距离的长短与发力大小和还击时的击球方法有着密切关系。例如，用弧圈球技术击球，其击球距离长；用攻球技术击球，其击球距离稍短；用推挡技术击球，其击球距离较短。

击球距离的长短与打法类型、技术风格等有一定的联系。例如，以速度、落点见长的运动员，击球时的击球距离一般较短；以力量、旋转为主的运动员，击球时的击球距离相对较长。在击球时，应注意根据还击方法的不同要求，选择适宜的击球距离。

适宜的击球距离应以合理的击球点为基准，通过正确的引拍动作形成，绝不能采用随意改变击球点位置的方法加长或缩短击球距离。

因此，击球时应注意把握好引拍的时机、引拍的方向、引拍的方法、引拍的幅度和引拍的节奏。

2. 击球部位与用力方向的结合

击球部位与用力方向的有机结合是提高回球准确性和击球质量的关键。击球时，主要通过调节击球部位和用力方向来控制回球的飞行弧线。在保证飞行弧线合理的前提下，还需根据来球的不同情况和还击方法的不同，有机地结合击球部位与用力方向，以求获得最佳的击球效果。击球部位与用力方向的结合有以下几种方式。

一种是相对固定用力方向，以调节击球部位为主，如推挡技术就多采用此法。另一种是相对固定击球部位，以调节用力方向为主，如弧圈球技术就多采用此法。还有一种是同时调节击球部位和用力方向，如攻球、削球技术就多采用此法。采用不同技术还击各种来球时，其击球部位与用力方向的一般情况如下。

（1）搓球对搓球：一般击球中下部，向前下方用力。

（2）攻球对攻球：一般击球中上部，向前方或前上方用力。

（3）拉弧圈球：拉加转弧圈球一般击球中部，向上前方用力；拉前冲

弧圈球一般击球中上部或上中部，向前上方用力。

（4）削球对攻球：一般击球中下部，向前下方用力。

（5）攻球对削球：一般击球中部或中下部，向前上方用力。

还击来球时，击球部位由触球时的拍形所决定，用力方向由击球时的挥拍路线所决定。因而在教学和训练过程中，不仅要努力提高反应判断能力和脚步移动能力，而且要高度重视培养手上调节能力。

3. 击球点的选择

正确选择击球点有助于击球力量的发挥、击球动作的协调和对回球弧线的控制。为此，在确定击球点时应注意以下几点。

（1）合理选择击球点

无论采用哪种技术击球，均应注意击球点既不能过后，也不可过前；既不能太低，也不可过高；既不能靠身体太近，也不可离身体过远。有一点值得注意，即一定要将击球点选择在身前（躯干远离球网一侧的前面），切忌在身后击球，同时击球点应与击球者的身体保持在适宜位置。

（2）固定在合适的击球点

不同技术对击球点的要求各有差异。例如，攻球的击球点比削球的击球点略前、略高；弧圈球的击球点比攻球的击球点略后、略低。但是，每种技术的击球点必须各自相对固定，击球时始终保持在某一合适的位置上。要取得合理的击球点，必须加强脚步移动，及时抢占有利的击球位置，否则难以达此目的。

4. 击球时触拍部位的选择

合理的触拍部位不仅有助于增强击球的力量、旋转及变化来提高回球的攻击力，而且有助于运动员控制来球，对提高回球的准确性来说也是至关重要的。

采用不同的技术动作击球，对触拍部位的要求各不相同。例如，削球或搓球（以正手击球为例，下同）时，应用球拍的左下部位击球；拉弧圈球或攻球时，应用球拍的右下部位击球。

对初学者来说，练习时要严格按照各种技术动作的要求，正确掌握触拍部位，这样有利于迅速形成正确的动力定型。

随着技术水平的提高，运动员需要进一步掌握主动变化触拍部位的技术，以增加回球的变化。例如，拉弧圈球时，可用球拍的右下部位击球，拉出旋转较强的球，又可用球拍的左上部位击球，拉出旋转较弱的球；搓球或削球时，可用球拍的左下部位击球，打出旋转较强的球，又可用球拍的右上部位击球，打出旋转较弱的球。两者交替运用，不仅可以极大丰富回球的变化，而且在比赛中收获的效果也是非常显著的。这种主动变化触拍部位击球的方法在发球中运用最为普遍，是增加发球变化、提高发球质量的重要手段。提高主动变化触拍部位的能力，需要注意以下几个方面。一是要求运动员应具有准确的判断、灵活的步法、合理的手法。二是要求运动员应具备精确的时空感觉和细腻的手上感觉。

上述能力只有在成千上万次的击球练习中反复体验，不断积累才能获得。因此，在乒乓球教学和训练中要特别强调集中注意，开动脑筋，手脑并用，想练结合。否则，只会事倍功半，达不到理想的练习效果。

5. 注意击球的时间点

各种技术动作的击球时间各不相同。例如，拉加转弧圈球时在下降期击球，拉前冲弧圈球时在高点期击球；近台攻球时在上升期击球，中远台攻球时在下降期击球；近台削球时在下降前期击球，中远台削球时在下降后期击球，快推时在上升期击球，加力推时在高点期击球。

不同类型的打法在击球时间上亦各具特点。削攻类打法主要是后发制人，多在下降期击球；弧圈类打法以旋转为主，多在高点期前后击球；快攻类打法以速度为主，多在上升期击球。

因此，在还击来球时，应根据自己的击球方法和打法特点选择正确的击球时间。

6. 注意力量的大小

合理运用击球力量，不仅可以增强击球的攻击力，而且能丰富战术的变化，大大提高回球的准确性。不同技术、战术和打法，击球力量的运用各不相同。

（1）依据技术合理运用力量

① 在中台或中远台还击来球时，击球多以上臂为主，带动前臂发力，如中远台攻球、弧圈球、远削等。

② 在近台或中近台还击来球时，采用以速度为特点的技术击球，多以前臂发力为主，如快推、快拨、近台攻球、近削等；采用以力量为特点的技术击球，多以上臂为主，带动前臂发力，如扣杀、前冲弧圈球等。

③ 还击近网短球时，击球多以手腕发力为主，如攻台内球、摆短球等。

（2）依据战术合理运用力量。

① 发力。击球时主要依靠己方发出的力量把球还击过去。发力击球是比赛中的主要得分手段，其难度较大，对技巧和素质的要求较高，因而需要经常练习。

② 减力。击球时缓冲对方来球的反弹力，使回球的球速减慢，打出的距离缩短。在对方离台较远时，运用减力击球的方法可以起到削弱对方攻势和调动对方移位的作用。

③ 借力。击球时主要借用对方来球的反弹力把球还击过去。借力击球具有一定的速度，利于控制落点，比较稳健，是相持阶段的重要技术。

（3）依据打法合理运用力量

① 以速度为主的各种打法，击球时多以撞击为主，如快攻类打法。

② 以旋转为主的各种打法，击球时多以擦击为主，如弧圈类、削攻类打法。

综上所述，击球力量的运用应注意处理好上臂、前臂与手腕，发力、减力与借力，撞击与擦击等各种复杂关系。既坚持以我为主、特长突出，又做到技术全面、变化多样、适应性强，将较高的准确性与较强的攻击力有机统一起来，力求形成最佳的击球效果。

（四）姿势与站位的还原

每次击球后都必须迅速还原，及时地还原是连续击球的重要保证。

1. 击球后还原基本姿势

基本姿势的还原主要包括执拍手动作的还原和身体重心的还原，这是每次击球后必不可少的。

执拍手动作的还原，应注意击球后的迅速放松和还原动作的简洁实用。还原身体重心的意识要特别强，击球一经结束，承受重心的腿就应像被压紧的弹簧一样，立即将身体重心“弹”回。

2. 注意还原基本站位

在具体的对战中，要做到基本站位的还原是相当有难度的，但是这对赢得比赛来说至关重要。基本站位还原应注意以下几个方面。

一是应对基本站位这一概念有正确的认知，基本站位不是指固定的地点，而是指一个范围。二是基本站位在具体的对战中是动态变化的，应根据客观实际灵活把握。三是在具体的教学中，教练一定要着重向学员强调还原基本站位，并不断练习，灵活处理基本站位还原。

二、击球的动作结构

（一）准备好基本姿势

击球的开始，首先是按照击球技术的要求，调整好两脚位置、身体重心和身体姿势，做好挥拍击球的准备。例如，当决定采用反手攻球技术还击来球时，应右脚在前，左脚在后，身体略向左转，重心移至左脚；当决定采用正手攻球技术还击来球时，应左脚在前，右脚在后，身体略向右转，重心移至右脚。击球前的脚步移动、击球时的准备姿势和引拍动作，三者彼此衔接，紧密配合，常常是一气呵成、不可分割的。

（二）做好摆臂动作与引拍动作

摆臂引拍是指迎球挥拍之前，为拉开击球距离而顺着来球方向所做的摆臂动作。引拍的作用主要在于保证击球时能够更好地发力。引拍动作的正确与否，直接影响击球动作及击球质量。引拍是否及时，是保持合理击球点的重要条件。引拍是否充分，是发挥击球力量的重要因素。引拍的方法和引拍的结束姿势若不正确，必然导致整个击球动作出现错误。此外，引拍的方向与挥拍方向紧密相连，关系着回球的旋转性质。

（三）做好来球时的挥拍动作

迎球挥拍是指从引拍结束到击中来球这段过程的动作。挥拍动作的正确与否，对回球的准确性和击球的质量均具有较大影响。挥拍的方向决定回球的旋转性质，并影响回球的飞行弧线和击球线路。挥拍的速度决定击球力量的大小，从而影响球速的快慢、旋转的强弱。

（四）球拍接触乒乓球

球拍触球是指球拍与球体触及时的动作，是整个击球动作中的核心部分。球拍触球时的击球点、击球时间、拍面角度、拍面方向、触拍部位、用方向、发力大小等，直接决定着回球的出手角度、出球速度和旋转性质。

（五）接触球后随势挥拍

随势挥拍是指球拍触球后顺势挥动球拍的那段动作，它有助于保证击球动作的完整性、协调性和稳定性。球拍触球之后，随势挥拍的动作幅度不能过大，要注意立即放松各有关肌群，否则将有碍于击球后的迅速还原，影响连续击球。

（六）身体放松与配合

1. 击球后放松动作

放松动作是指击球动作完成后，身体有一个短暂的放松过程。它对连续击球有着重要作用，是保持身体平衡的关键。

2. 身体协调配合

身体配合是指身体各部位在击球过程中的彼此协同。协调的身体配合是提高击球质量的重要条件。

了解击球动作的结构，对于提高组织教学和分析动作的能力有很大帮助。在教学训练中，如能按照击球动作的结构进行讲解、示范和组织练习，可以加强教法的系统性；如能根据击球动作的结构去观察和分析击球动作，有助于及时准确地发现并纠正错误动作，提高教学训练质量。

第三节　乒乓球运动的常用术语及主要特点

一、乒乓球运动的常用术语

（一）乒乓球球台

1. 球台的台面

乒乓球球台的上层表面被称为比赛台面。台面长 274 cm、宽 152.5 cm，球台高 76 cm，如图 2-3-1 所示。乒乓球球台台面可以用任何材质制成，但要求球台表面弹性一致。台面应当无光泽、不反光且颜色均匀一致（暗色）。

2. 球台的边线

边线是指台面两侧长 274 cm、宽 2 cm 的白线。

3. 球台的端线

端线是指台面两端长 152.5 cm、宽 2 cm 的白线。

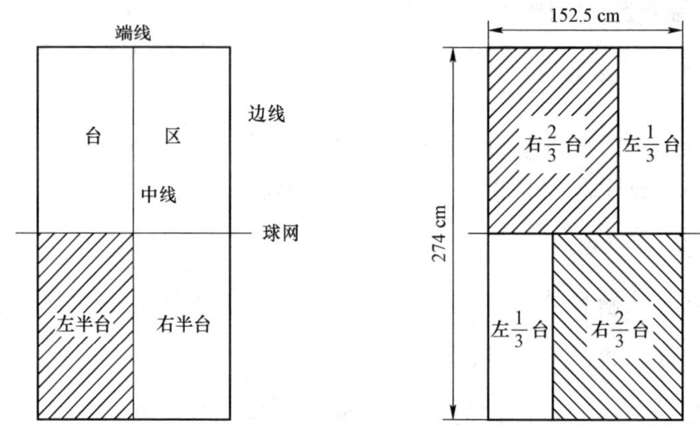

图 2-3-1　台面平面示意图

4. 球台的中线

中线是指位于台面正中央，与边线平行的宽 3 mm 的白线，中线将台面分为两个相等的台区。

5. 球台的球网

球网装置由球网、悬网绳、网柱、夹钳构成。球网悬挂于悬网绳上，绳子两端系在直立网柱上，台网高 15.25 cm。

6. 台区的划分

台区是指台面被球网划分为两个大小相等的区域。

7. 半台的划分

半台又称“1/2 台”，指台面被中线分开，成左、右两个“半台”，左右方位按照击球方而定。

8. 1/3 台的划分

“左 1/3 台”是指台区左侧 1/3 部分；“右 1/3 台”是指台区右侧 1/3 部分。

9. 2/3 台的划分

“左 2/3 台”是指台区左侧 2/3 部分；“右 2/3 台”是指台区右侧 2/3 部分。

（二）乒乓球球体

乒乓球是用赛璐珞或者类似的塑料制成的空心圆球。球一般为白色或橙色，无光泽。为了提高乒乓球比赛的观赏度，降低乒乓球的旋转速度，增加击球板数，2000 年 2 月 23 日，国际乒联特别大会和代表大会在吉隆坡通过了 40 mm 大球改革方案，并委托上海红双喜乒乓球厂研制了一种直径为 40 mm 的大球。大球在 2000 年世界杯中首次被使用。乒乓球小球、大球的对比数值如表 2-3-1 所示。

表 2-3-1　乒乓球小球、大球的对比数值

种类	重量/g	直径/mm	拉球速度/（r/s）	正手扣杀速度（m/s）
小球	2.5	38	133	48
大球	2.7	40	116	17

（三）乒乓球运动的击球点

击球点是指击球时，球拍与球体接触的那一点。击球点与击球部位不同，击球部位指的是球拍击打球体时，球拍在球体上的位置，击球点的位置是球体相对击球者身体而确定的，主要包含 3 个方面的内容。一是击球点相对身体的前后位置；二是击球点相对身体的左右位置；三是击球点相对身体的高低位置，如图 2-3-2 所示。

（四）乒乓球运动的击球部位

击球部位指的是在触球瞬间，球拍击在球体上的位置。为了更加形象地表现击球部位，可以将球体看成钟表表盘，标出 7 个常用击球部位，如图 2-3-3 所示。其中，上部为接近 12 的部位，上中部为接近 1 的部位，中上部为接近 2 的部位，中部为接近 3 的部位，中下部为接近 4 的部位，下中部为接近 5 的部位，下部为接近 6 的部位。

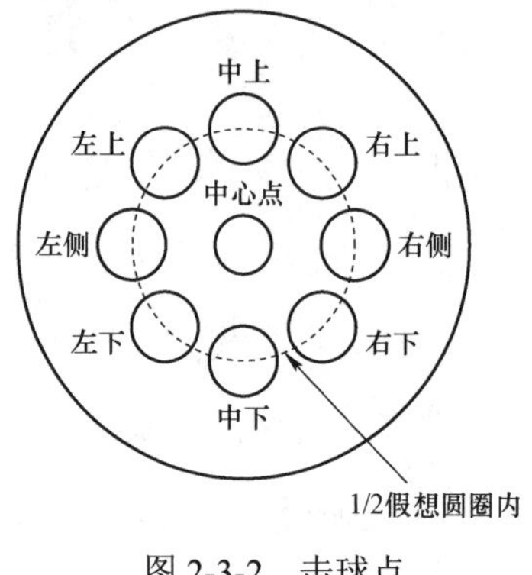

图 2-3-2　击球点

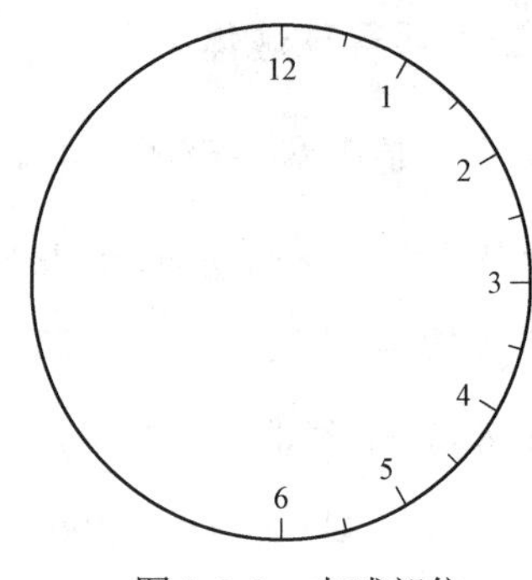

图 2-3-3　击球部位

（五）乒乓球运动的击球时间

击球时间是指来球从着本方台点反弹跳起至回落到地面的整个过程所需的时间，可分为上升、高点、下降 3 个时期，上升和下降期又可细分，如图 2-3-4 所示。

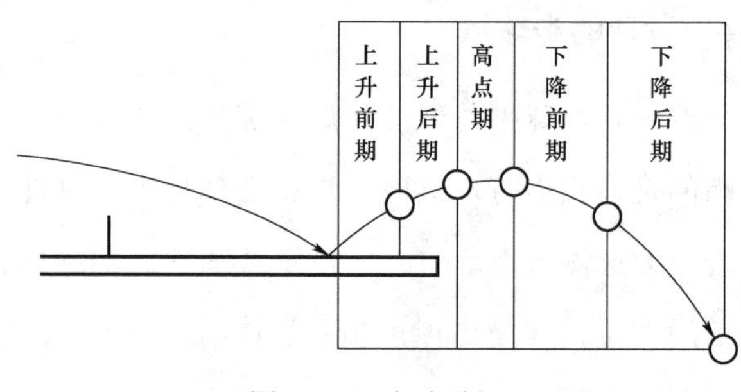

图 2-3-4　击球时间

1. 击球时间——上升期

上升期指的是球从球台面弹起到接近最高点的这段过程。上升期可以细分为上升前期和上升后期。

2. 击球时间——高点期

高点期指的是弹起的球处于最高点或接近最高点的这段过程。

3. 击球时间——下降期

下降期指的是球从高点期回落至地面的这段过程。同样，下降期可以

细分为下降前期和下降后期。

（六）球拍的拍形

拍形概念分为拍面角度和拍面方向两个方面。

1. 球拍的拍面角度

拍面角度是指击球时，拍面与水平面所形成的夹角的角度，即拍面下沿与水平面相交的角度。拍面角度小于 90° 时，称为拍面前倾；拍面角度大于 90° 时，称为拍面后仰；拍面角度为 90° 时，称为拍面垂直；拍面角度为 180° 时，称为拍面向上，如图 2-3-5 所示。

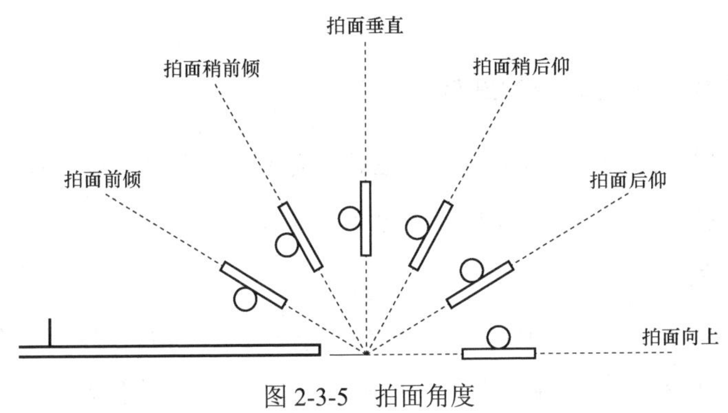

图 2-3-5　拍面角度

击球时拍面角度不同，击球部位也会有所不同，如表 2-3-2 所示。

表 2-3-2　拍面角度与击球部位的关系

拍面角度	击球部位
拍面向下	击球的上部
拍面前倾	击球的上中部
拍面稍前倾	击球的中上部
拍面垂直	击球的中部
拍面稍后仰	击球的中下部
拍面后仰	击球的下中部
拍面向上	击球的下部

2. 球拍的拍面方向

拍面方向是指击球时，拍面所朝向的方位。确定拍面方向是以击球者的位置为基准的，拍面向左时，击球的右侧部；拍面向右时，击球的左侧部。

（七）击球时的触拍部位

触拍部位是指击球瞬间，球体触及球拍上面的位置。触拍部位可以与击球部位相对比。触拍部位的主体是球拍，击球部位的主体是球体。球拍的击球拍面可划分为上、下、左、右、中这几个部位，如图 2-3-6 所示。

（八）乒乓球运动中的站位

站位是指乒乓球运动员站立的位置与球台端线之间的距离，根据运动员与端线的距离，可将站位划分为近台、中近台、中台、中远台、远台，如图 2-3-7 所示。

近台是指距离端线 50 cm 以内的范围。中近台是指距离端线 50～70 cm 的范围。中台是指距离端线 70～100 cm 处。中远台是指距离端线 1～1.5 m 的范围。远台是指距离端线 1.5 m 以外的范围。

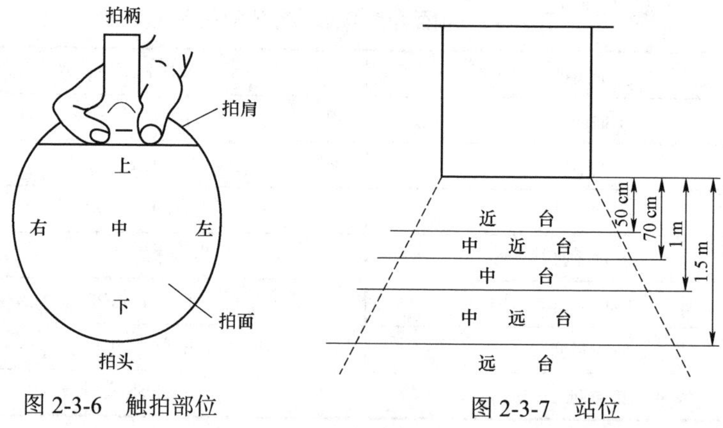

图 2-3-6　触拍部位　　图 2-3-7　站位

（九）击球距离

击球距离是指挥拍击球时，球拍的起始点到击球点之间的挥拍长度，如图 2-3-8 所示。

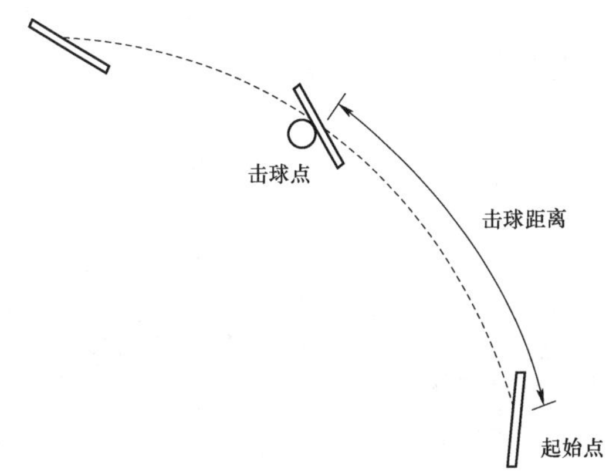

图 2-3-8　击球距离

（十）击球线路

击球线路是指击球点与落点之间的空中运行弧线的投影线。乒乓球运动中有 5 条基本的击球线路，即右方斜线、右方直线、左方斜线、左方直线和中路直线，如图 2-3-9 所示，左右方位以击球者为标准。另外，一般还会称右方斜线、直线为正手斜线、直线；左方斜线、直线为反手斜线、直线。

（十一）合法还击

合法还击是指击球者用符合规定的手段回击来球，并击球过网且命中对方台区的过程。合法还击是得分的一种主要方式。

（十二）短球、长球与追身球

短球是指落点在近网区内，且反弹跳起后的第 2 落点不超越端线的球；长球是指落点在底线区内的球，如图 2-3-10 所示。

追身球是指击向回球者身体位置的球。

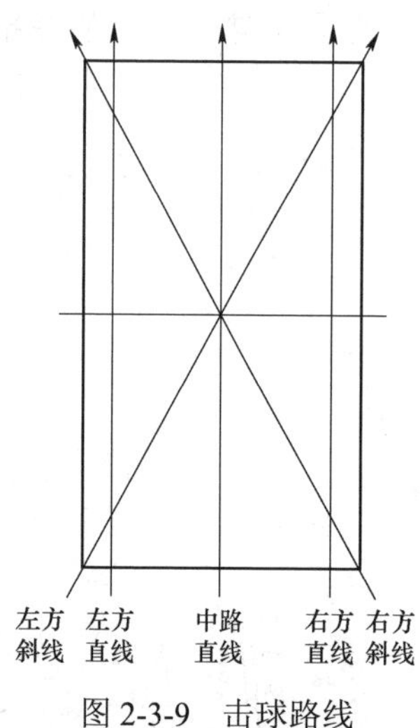

图 2-3-9　击球路线

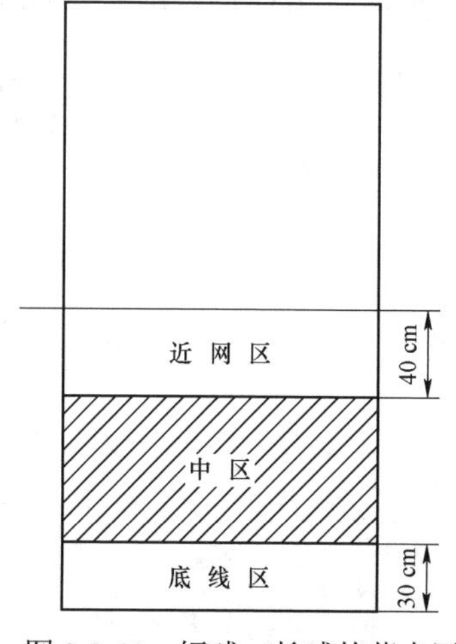

图 2-3-10　短球、长球的落点区域

（十三）摆速、击球节奏

摆速是指击球时正反两面交替挥摆的速度。击球节奏是指击球过程中球来回速度的快慢感。

二、乒乓球运动的主要特点

（一）参与主体不受限制

乒乓球运动的参与主体指的是参加乒乓球运动的个体、群体或社会。广义的参与主体指的是全人类，狭义的参与主体指的是个人。按参与主体的年龄层次来分，可以简单分为少儿、青年、成年、中年、老年；按参与主体的身体状况来分，可以分为正常人、伤残人；按参与主体掌握技术的能力来分，可以分为专业运动员、业余人士；按参与主体的经济能力来分，可以是穷人或富人。总之，乒乓球运动的参与主体极其广泛，只要愿意，任何人都能参与其中。

（二）运动场所不受限制

乒乓球运动非常符合我国经济发展不平衡，因地制宜开展体育运动的要求。乒乓球球拍的价钱有高有低、重量有轻有重，运动的场所占地面积有大有小，只要有一个面积大于 2.74 m × 1.525 m 的地方就可以进行运动。乒乓球运动对客观设备的要求也不高，桌面可以是水泥做的，也可以是木材做的。条件好的可用高级球台，条件差的用几张桌子拼起来也能打，桌上只要有一个 152.5 cm 高的球网和 15.25 cm 高的网柱就可以打球，甚至可以用砖头在半台处排成一排充当球网装置。

乒乓球运动对天气条件的要求也可以因时而异，天气好可以在室外打，遇上雨雪天气，在一间不大的房间里也可以打。乒乓球运动的场所非常广阔，可以是学校，可以是家里，可以在室外，也可以在室内。

（三）乒乓球运动有多元的技术

乒乓球运动的握拍方式多种多样，有直握、横握等；胶皮有正胶、反胶、长胶、生胶等，从而造就了乒乓球运动多种多样的技术。其主要技术大约有 8 大类 81 项，而且旋转变化的种类也比较多，典型的旋转就有 26 种（基本旋转 6 种，混合旋转 20 种）；技术风格有快、狠、稳、变、转之分[①]；乒乓球运动的打法可远可近，有近台快攻、中台攻防结合、远台削反攻等。在进行乒乓球运动时，每个运动者可以根据自己的身体素质和领悟技术的能力选择自己喜欢的技术与打法。

（四）根据目的选择乒乓球运动

乒乓球运动的目的可以大致分为竞技的和大众的。竞技乒乓球，是为了战胜对手，取得优异运动成绩，最大限度地发挥和提高个人、集体在体格、体能、心理及运动能力等方面的潜力所进行的科学、系统的训练和竞

---

① 赵万润. 乒乓球运动特点及防守与进攻［J］. 山东体育科技，1995（2）：35-41.

赛[1]。大众进行乒乓球运动的目的大致可以分为健身、娱乐、交往三种。健身是大多数参与乒乓球运动主体的初级目的和终极目的。娱乐是以愉悦身心为目的进行乒乓球运动，具有业余性、消遣性、文娱性等特点，它与个人或社会经济、文化教育层次等有关。按娱乐的组织方式可分为个人的、家庭的和集体的；按娱乐活动的方式可分为观赏性活动和运动性活动。开展娱乐性乒乓球运动，有益于身心健康，陶冶情操，培养高尚品格。以交往为目的，可以直接增进参加乒乓球运动的主体之间的情感交流，间接地促进主体之间相互信任、相互尊重，提高主体的道德素质。

（五）乒乓球运动功能的两元性

乒乓球运动的功能指乒乓球运动的功效和职能，包括个体发展功能与社会发展功能。乒乓球运动的首要功能是促进个体发展，最直接功能是促进身体健康，最深远功能是影响社会政治、经济、文化的发展。概括地说，乒乓球运动主要包括对人的发展和对社会的发展二元功能。

乒乓球运动的特点，决定了它可以成为不同年龄、不同性别、不同身体条件的人均可参加的项目，并且是人们都乐于接受的集竞赛和趣味于一身、融智慧与激情于一体的“文明体育”项目。

第四节　乒乓球球拍概述

一、球拍的组成部分

球拍是击球的工具，由底板、胶皮和海绵 3 个部分组成。球拍的一面为黑色，另一面为与黑色及比赛用球颜色有明显区别的鲜艳颜色，且

---

① 国家体育总局《乒乓长盛考》研究课题组. 星光灿烂 40 年：乒乓文萃选［M］. 北京：人民体育出版社，2002.

无光泽。目前在规则许可范围内使用的球拍有胶皮拍和胶皮海绵拍两大类。乒乓球拍胶皮和海绵种类繁多，且随着科技发展不断创新。

（一）球拍的底板

底板是构成球拍的最基础的材料。底板是由不同的木材及碳素纤维等材料夹合而成的，从 3 层到十几层不等，常用的为 5～7 层。若以击球速度快、撞击发力为主，一般选择底板较硬重的七层板；弧圈球结合快攻打法一般选用五层较轻、硬度适中的底板。目前市场上的底板材质有复合板、全木板、软木加碳纤维、全木加碳纤维、全木加钛纤维等。底板厚度的至少 85%为天然木料，加强底板的黏合层一般为碳纤维、玻璃纤维、压缩纸等纤维材料，其厚度每层不超过底板总厚度的 7.5%或 0.35 mm。

（二）球拍的胶皮

胶皮可以分为颗粒胶（正胶、生胶、长胶）和反胶。

正胶也叫短颗粒胶皮，具有弹性好、速度快、击球稳等特点，适合近台快攻法，是直板快攻型选手常用的胶皮类型。

生胶是从正胶发展而来的，是颗粒向上、直径大于高度的胶皮，也被称为“软质正胶”。生胶弹性大，易于控制，但是稳定性和摩擦力不如正胶。由于击球弧线较低平，所以有击球下沉、搓球旋转弱的感觉。

长胶是颗粒朝上、高度超过 1.5 mm 的胶皮。这种胶皮拍面会使球产生反常的旋转现象。如使对方搓来的下旋球以上旋飞回；用削球回击对方拉来的弧圈球时球会更旋；回削一般拉球时回球则不旋等。使用长胶拍面产生的变化能够增加对方的失误，但是同时也提高了己方的掌握难度，不仅减弱了乒乓球运动的观赏性和娱乐性，还会使初学者形成错误定型。

反胶表面平整，摩擦力强，具有击球旋转力强、击球稳定、易控制的特点，是初学者的首选，适合弧圈型或弧圈结合快攻型打法。目前国际超一流选手中，绝大部分使用反胶胶皮。还有一批横拍两面攻选手为了获得击球的变化，采用了正手反胶（拉弧圈）和反手生胶（快拨及摆短）的搭配方法。

（三）球拍的海绵

选择海绵主要考虑硬度和厚度这两个因素。海绵的厚度在 0.5～2.4 mm，硬度在 30～50 度。海绵越硬越厚，其弹性就越大，使得击球速度越快，但是过硬过厚会使得球拍沉重，且弹性过大不利于对球的控制。初学者可选择厚度在 1.8～2.0 mm、硬度在 40 度左右的反胶海绵，或硬度在 35 度左右的正胶海绵。

二、球拍的保养

球拍对于乒乓球运动员来说相当于战士手里的刀剑。因此，运动员一定要爱护自己的球拍。现在的球拍使用的底板木材较轻，具有“吃球、不震手、底劲足”的良好性能，但这些木材质地较软，需要多加保养。

保养可以分为“五防、一保”，即防撞击、防重压、防高温、防潮湿、防油迹污渍及保持清洁。在做清洁工作时，需要注意几点：一是发现拍面有污渍时先滴少许清水冲洗，有必要时再用更多清水冲洗；二是清洗完成晾干后应当贴上塑料膜，放入保护套内。

我们只有在日常使用过程中好好爱惜球拍，才能延长球拍的使用寿命，保证其击球的准确度。

三、胶皮、海绵的黏合步骤

球拍在长时间使用之后，胶皮和海绵会产生磨损，需要进行更换。更换胶皮、海绵可分为 4 步。

（1）剥离旧的胶皮和海绵。用热吹风对吹海绵胶皮，慢慢从胶皮和海绵边缘逐渐将其剥离撕下。之后，用锉子或粗糙钝器磨掉底板表面残留的

胶质。

（2）贴海绵。分别在底板和海绵上均匀地涂抹一层胶水，待胶水干后将海绵平整地贴在台面上并压一压。

（3）粘贴胶皮。分别在海绵和胶皮上涂上胶水，为了防止胶皮遇胶水后卷曲，可将胶皮 4 个角固定，待胶水干后，在海绵与胶皮之间放一张纸，待胶皮和海绵对整齐后慢慢将纸下拉，直至粘好为止。在贴反胶时，应当先在玻璃或平整的台面上涂上一层胶水，将胶皮轻轻地往胶水上放，使颗粒全部贴上胶水，并控制胶水不要流进颗粒间隙。

（4）粘贴海绵与底板，之后用剪刀沿底板边缘将多余胶皮和海绵部分对齐剪掉，更换球拍胶皮和海绵的操作就完成了。

四、球拍的种类

（一）胶皮拍

胶皮拍是指在底板上直接粘贴一层胶皮的球拍。胶皮拍上粘贴的胶皮的胶粒向外，胶皮与黏合剂加在一起的厚度不得超过 2 mm。胶皮拍按照厚度可以分为短齿胶皮拍和长齿胶皮拍两种，如图 2-4-1 所示。

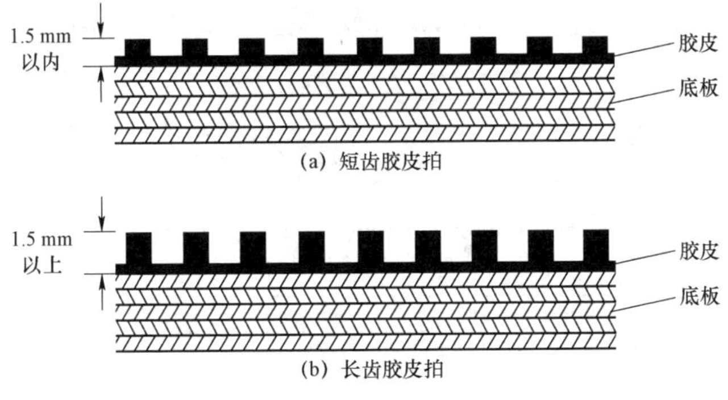

图 2-4-1　胶皮拍按胶皮厚度分类

1. 短齿胶皮拍

短齿胶皮拍的胶皮厚度不超过 1.5 mm，具有弹力均匀、击球稳定的特点，但是此种球拍弹性较差，不易制造强烈旋转。

2. 长齿胶皮拍

长齿胶皮拍的胶皮厚度在 1.5 mm 以上，具有胶粒柔软、摩擦系数低的特点，能够用来增强回球的旋转和变化。相比之下，长齿胶皮拍击球所产生的旋转变化比短齿胶皮拍要大得多，但长齿胶皮拍比短齿胶皮拍难于掌握，且回球速度不快。

（二）胶皮海绵拍

胶皮海绵拍是指在底板和胶皮之间夹贴一层海绵的球拍。海绵、胶皮及黏合剂加在一起的厚度不得超过 4 mm。胶皮的胶粒可以正贴也可以反贴，因此产生正贴胶皮海绵拍和反贴胶皮海绵拍两种类型，如图 2-4-2 所示。

1. 正贴胶皮海绵拍

目前常用的正贴胶皮海绵拍有正胶海绵拍和生胶海绵拍两种。

（1）正胶海绵拍。正胶海绵拍是在海绵上面覆盖一层短齿胶皮，其胶粒较硬，黏性不强，具有反弹力强、回球速度快的特点，但不易制造强烈的旋转。

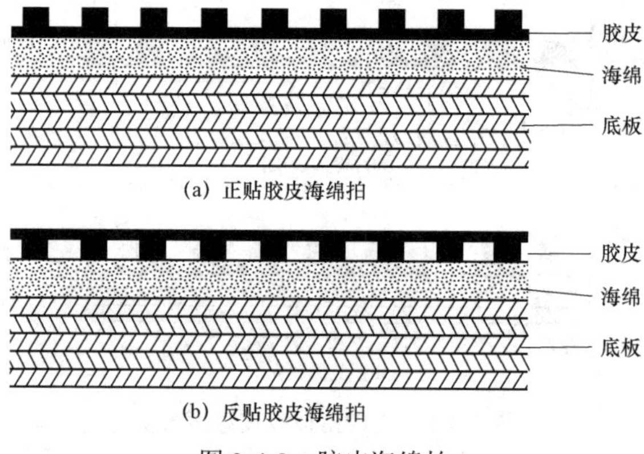

图 2-4-2　胶皮海绵拍

（2）生胶海绵拍。生胶海绵拍是在较薄的海绵上覆盖一层生胶胶皮。生胶海绵拍具有反弹力强、摩擦力小、回球速度快、回球下沉的特点，不易制造出差别较大的旋转变化。

2. 反贴胶皮海绵拍

目前常用的反贴胶皮海绵拍有反胶海绵拍和防弧海绵拍两种。

（1）反胶海绵拍。反胶海绵拍是将胶皮有颗粒的一面向里，无颗粒的一面向外，反贴在硬型海绵上。反胶海绵拍具有胶质柔软、拍面平整、黏性较大、制造强旋的特点，但是该类球拍的反弹力较差，回球速度较慢，不易控制对方击来的旋转球。

（2）防弧海绵拍。防弧海绵拍是在结构松软的海绵上，反贴一种硬而发涩的胶皮。该类球拍的弹性差、黏性小、缓冲性高，但是能有效削弱来球的旋转，能够控制对方的弧圈球。

五、球拍的选择

由于各类球拍具有不同的性能和不同的优缺点，因此，运动员应根据自己的打法特点、发展方向选择适合的球拍。选择情况有下列几种。

快攻类打法多使用普通正贴胶皮海绵拍或生胶海绵拍。

弧圈类打法多使用反贴海绵拍。

削攻类打法多使用两面性能不同的球拍，一面反贴胶皮海绵，另一面贴长胶或防弧海绵。

另外，选择球拍应从底板的软硬度、胶皮颗粒的长短和密度、海绵的软硬和弹性这 3 个方面考虑。水平较高者应根据自己的打法特点从这几个方面进行选购和更换，初学者和水平低者可用一般的较容易掌握的球拍，如普通正贴海绵拍或普通反贴海绵拍，选购时应注意型号和性能。在逐步形成自己主体打法的过程中再选用适宜的球拍。

第五节　乒乓球运动的五大竞技要素

要想在乒乓球比赛中提高击球的准确性和威胁性，就需要研究分析击球力量、球的速度、球的旋转、球的飞行弧线和球的落点，这五点也被称为乒乓球运动的五大竞技要素。

一、五大竞技要素的内容

（一）击球力量

乒乓球运动中击球力量是球产生加速度的根本原因，球拍对球的作用力的大小与球拍击球时的速度成正比，击球瞬间的挥拍速度越快，击球力量就越大，反之亦然。一般击球力量越大，球被击中后在空中飞行的速度就越快。击球力量大能够提升球的飞行速度，而球速越快，对方接球时就需要越多的经验和越快的反应速度，从而缩短对手的准备时间，降低其回球质量。击球力量大，对手接球时作用于球拍的作用力也会较大，从而增加对手调节拍形的难度和接球的难度。

（二）球的速度

球的飞行速度由球拍撞击产生，因此击球力量越大，球的飞行速度也就越快。从时间角度分析，要加快击球速度，一方面是要尽量缩短准备击球需要的时间，毕竟运动员需要判断来球的速度、力量、旋转、落点和弧线，还需要从对方的站位、引拍和挥拍动作以及球的飞行弧线等方面进行分析，找到合适的击球方式，这无疑需要花费一定的时间；另一方面是要尽可能地缩短球在空中飞行的时间。不过球的飞行速度是相对的，有时虽然尽可能缩短了准备击球所需要的时间，如在球的上升期就借力还击，相

对来说击球之后球在空中飞行的时间变长了；如果能够最大限度地缩短打出距离，虽然准备击球所需要的时间变长了，但击球后球在空中飞行的时间则会变短。所以，在训练和比赛过程中，应该在力求加快速度的基础上学会采用不同的速度和节奏来干扰对手的判断。只有灵活运用不同的击球速度，才能够在乒乓球训练和比赛中掌握主动权。

（三）球的旋转

对于乒乓球运动而言，要想让球产生旋转，不仅要将使球旋转的力真正作用到球上，还需要加大球拍与球的摩擦力。虽然球的材料已经确定，无法主观改变，但球拍的性能有差别，尤其是在各种胶皮的运用方面。在正胶、反胶、生胶、长胶和防弧胶这五种胶皮中，反胶是摩擦系数最大的，因此使用反胶球拍更利于球的旋转。想要给乒乓球制造旋转，击球时的作用力不要通过球心，而球发生旋转的强弱取决于作用力的大小和作用力到旋转轴心的垂直距离。

1. 上旋球和下旋球

乒乓球球心和水平方向的端线形成的横轴叫左右轴，球绕横轴向前旋转为上旋球，球绕横轴向后旋转则为下旋球。

2. 左侧旋球和右侧旋球

乒乓球球心和垂直方向形成的竖轴叫上下轴，球绕竖轴向左旋转为左侧旋球，球绕竖轴向右旋转则为右侧旋球。

3. 顺旋球和逆旋球

乒乓球球心和水平方向的边线形成的轴叫前后轴，球绕前后轴顺时针旋转是顺旋球或正旋球，球绕前后轴逆时针旋转则是逆旋球。

（四）球的飞行弧线

弧线是指乒乓球被击出后的飞行轨迹，一般分为第一弧线（出手弧线）

和第二弧线（弹起弧线）两部分。

（1）第一弧线即球在被球拍击中后到落在对方台面之前的飞行路线。第一弧线由弧高、打出距离、弧线弯曲度及弧线方向四个要素组成。其中，弧高是指弧线最高点和台面之间的垂直距离；打出距离是击球点到落球点的水平直线距离；弧线弯曲度则和弧高及打出距离有关，与弧高成正比、与打出距离成反比；弧线方向则是以击球者为准，球在被击出后的飞行方向，一般为向左或向右。

（2）第二弧线即球从对方台面弹起到触碰球拍或地面等物体之前的飞行路线。第二弧线由弧高、弹出距离和方向三个要素组成，方向是以击球者为准，分左、右、前、后四个方向。

在乒乓球运动中还有一种特例，那就是发球的弧线。发球的弧线的出手弧线是从发球者球拍击中球到球落在本方台面的这段弧线，之后的弹起弧线则分为两部分：第一弹起弧线，球从本方台面弹起到落在对方台面前的飞行弧线；第二弹起弧线，球从对方台面弹起到触碰球拍或地面等物体前的飞行弧线。

（五）球的落点

落点也就是球被击出后落在台面的点，一般分为三种：第一种是第一落点，即发球时球在本方台面的落点，它直接影响发球的质量和准确性，如发急球时第一落点应该在本方台面端线附近，而发近网下旋球时第一落点应该靠近球网；第二种是来球落点，即对方击球后在本方台面的落点；第三种是回球落点，即本方击球后在对方台面的落点。

一般情况下，落点的好坏有三个评判标准：第一个是极限位置，如近网落点、近边线落点、近端线落点和追身球（根据对方站位使球的落点贴近其身体）；第二个是借助对手的技术漏洞，如对手有较为明显的反手技术差或正手技术差，好的落点要处在对手技术弱点之处；第三个是迷惑性，这需要对对方的心理和行为习惯进行推敲和摸索，配合假动作实现声东

击西。

二、五大竞技要素的关系

乒乓球运动的五大竞技要素（击球力量、球的速度、球的旋转、球的飞行弧线和球的落点）决定着每一板球的时空特征和运行状况，也决定着每一板球的质量和制胜的分量。通过长期的实践摸索，中国乒乓球界从乒乓球竞技的本质特点出发，根据五大竞技要素及其特点，总结出乒乓球竞技制胜的五个关键因素：快、准、狠、转、变。

（一）球的速度特征

乒乓球五大竞技要素既相互制约又相互联系，其中速度在竞技制胜关键因素之中位于第一位。“快”能够在竞技过程中使对手在相对较慢的击球速度下形成的技术难以适应，能够让对方因为没有充分的反应时间而被动或击球失误。中国传统的直拍近台快攻就是速度优势的完美体现。随着乒乓球技术的不断发展和竞赛规则的不断完善，在速度与旋转的对抗中，快更多地开始体现在反应时间和反应速度上。

（二）球的落点和飞行弧线

在乒乓球竞赛中，要想让球过网就必须让球产生适宜的弧线，合理制造弧线是得分的前提。但仅让球过网是无法给对手制造很大压力的，要想达到竞技制胜，就必须在稳定过网的基础上加强落点的变化和准确性。也可以说，想要做到准，就必须综合掌握弧线的稳定性、落点的准确性、动作的合理性和使用的连续性，只有在准的基础上完善击球技术才能让打法更具有威胁性和主动性。现今的乒乓球技术要求运动员在击球落点和线路上更加多变才能达成竞技制胜，所以运动员一定要不断深入思考击球落点和弧线的综合运用。

（三）乒乓球的击球力量

“狠”是乒乓球运动中积极主动打法的体现，是以击球的力量大小和速度快慢为基础，同时融合旋转和落点各方面竞技要素之后形成的进攻型打法。随着乒乓球运动的发展和竞赛规则的完善，乒乓球竞技中所体现的打法越来越向积极主动进攻和凶狠的方向发展。

（四）乒乓球的球体旋转

虽然乒乓球运动的基础旋转仅有几种，即上旋、下旋、侧旋、顺旋和逆旋，但这几种基础旋转经过相互的组合，可以衍生出数十种旋转方式，这就给乒乓球运动带来了更多的趣味，而且乒乓球的旋转还能够和力量、速度、弧线、落点相结合发展出更多的变化。例如，在乒乓球运动发展过程中，我国的直板近台快攻打法曾经受到欧洲弧圈球的有力挑战，之后在其技术风格中加入了转，最终将力量、速度和旋转有机统一起来，从而取得了优异的成绩。可以说，随着乒乓球运动的发展，乒乓球竞技要素的融合方式会越来越多变，越来越创新。

（五）五大竞技要素的融合变化

乒乓球竞技技术的变化和战术的变化能够让运动员在比赛过程中更快地把握主动权，如果能够在比赛过程中控制击球速度的快慢、力量的大小、旋转的强弱，掌握落点的变化，就能够在多变的技术影响下打乱对手常规的击球习惯。另外，乒乓球的变能够随机组合，不断创新，从而不断完善乒乓球运动技术。

（六）五大竞技要素的辩证统一

在乒乓球运动竞技要素中，力量和速度属于基础，五大竞技要素相互融合，能够展现出千变万化的技术风格。弧圈球技术自诞生以来一直被人们所运用的根本原因就是弧圈球技术能够将力量、速度、旋转、弧线和落

点这五大乒乓球竞技要素和谐地统一到一起，弧圈球技术同时拥有旋转强、力量大、速度快且弧线好等多方面的优势，这是乒乓球竞技要素在乒乓球技术中的典型体现。乒乓球五大竞技要素如果与运动员个人的技术风格相结合，就能够形成各自不同的制胜方式，如快攻打法以速度为主，弧圈和削球打法则以旋转为主。但同时，每一种打法又并非仅有一种风格，即使运动员采用的是同一种打法，由于每个运动员不同的个性、习惯、身体素质和技术特性，与五大竞技要素进行融合后，也会形成完全不同的技术风格。

乒乓球运动员的技术水准既和五大竞技要素的单个水平相关，又和五大竞技要素相互组合的水平有关。五大竞技要素之间是相互依存、相互制约的关系，这种内在的联系引导着技术和打法的不断演进，同时推动着乒乓球运动的发展。

三、五大竞技要素的训练

（一）击球力量训练

加大击球的力量需要从两个方面进行考虑，一个是发力技巧和方法，另一个则是击球瞬间的挥拍速度。这两者相辅相成，触球瞬间的用力方向决定了击球后球的运动方向和作用力的利用率，要想加大击球力量，就需要在触球瞬间使用力方向接近或穿过球心。

（1）需要经常性地进行速度性力量的锻炼，提高发力肌肉的整体质量，同时要锻炼全身各部分肌肉，让身体各部位尽量多地参与到速度发力之中。

（2）要学会正确的发力技巧，掌握好各有关肌肉群的协调用力，并了解发力顺序，用脚和腿带动躯干，再由躯干带动大臂、大臂带动前臂、前臂带动手腕，要充分发挥脚、腿、髋、腰、臂、腕、手指的力量，同时有效利用各个关节支点的加速作用。

（3）要掌控好用力方向和发力时机，用力方向要尽量统一，避免反方向的分力；发力时机就是在球拍触球的瞬间，让挥拍的速度达到最大值。

（4）适当加大引拍距离和击球动作的半径，在击球发力前要让参与用力的肌肉尽量放松和拉长，在击球后应当迅速放松，同时注意动作的还原和重心的调整，以便下一次用力。

（5）适当加大力臂后，还需要把握合理的击球时间、击球位置，方便身体各部分肌肉群发挥出最大的力量。

（二）击球速度训练

击球速度慢，就会给予对方更多的准备时间，对方判断来球就越准确；击球速度快，就能给对方判断来球增加难度。因此，提高击球速度在乒乓球运动训练和比赛中极为重要。

（1）站位近台，提早击球时间。

（2）完善体能训练，提高反应速度，锻炼步法，提高移动速度。

（3）加大击球力量，主动出力，尽可能让作用力接近球心，同时击球动作要向前用力，降低球在空中飞行弧线的高度，缩短打出距离和击球后球在空中飞行的时间。

（4）加快击球时的瞬间速度，充分发挥前臂、手腕和手指的作用，发力要与借力相结合。

（5）适当减小击球的动作幅度，如引拍动作要小而快，做到击球有力；触球瞬间发力要集中，发挥更大的爆发力；击球之后迅速制动并快速还原。当然，每种击球动作都有其自身的运用范围，适当减小击球动作幅度有利于进行提高击球速度的快攻，如果是进行大力扣杀，动作幅度必须要适当加大，如借用全身之力进行重击。

（三）旋转球的训练

乒乓球运动中，一般很少有绕单一基本轴旋转的球，常见的是绕两种基本轴旋转的球，不过首先需要清楚如何制造绕基本轴旋转的球。

1. 各种类型的旋转球

上旋球的特点是弧线弯曲度大，飞行时会向前拱，对方平挡之后球会向上飞，可以拍形前倾，摩擦球的中上部分，就能够制造上旋球；下旋球的特点是前进力度小，容易向下飞，可以拍形后仰，摩擦球的中下部分或底部向下切，就能够制造下旋球；左侧旋球的飞行曲线是向右拐弯大，落台之后依旧向右拐，对方平挡后球会向左飞，可以拍形立起，拍头朝下，从右向左摩擦球的右侧面，就能够制造左侧旋球；右侧旋球的飞行曲线是向左拐弯大，落台后依旧向左拐，对方平挡后球会向右飞，可以拍形立起，拍头朝下，从左向右摩擦球的左侧面，就能够制造右侧旋球；正旋球的飞行弧线在空中不明显，但落台弹起后右拐弯厉害，对手平挡后球的飞行轨迹不明显，可以拍形平放，从右向左摩擦球的底部，就能制造正旋球；逆旋球和正旋球飞行情况相反，也较为常用，可以拍形平放，从左向右摩擦球的底部，就能制造逆旋球。

2. 强化旋转的训练

首先需要选择摩擦系数较大的拍面，如利用反胶拍面来制造旋转球；其次要加大挥拍击球的力量，最大限度地加快挥拍速度和击球瞬间的速度，不仅要发挥腿、腰、上臂和前臂的力量，更需要特别注重手腕和手指力量的作用，在触球时用力方式是摩擦球而不是撞击球，还应该采用向内凹的弧形挥拍路线来适当增加球拍与球的摩擦时间，从而加大摩擦力，增强旋转；最后要学会用球拍适当的部位击球，如正手发下旋球应使球拍远离手偏下的部分触球，能够加大球拍与球的摩擦距离。

（四）飞行弧线的训练

用不同的方式击球所形成的弧线会有所不同，所以想打出受控制的弧线，就需要捋清影响弧线的要点。首先是击球点位置的高度和击球时间，不同的击球点高度和击球时间均会影响球的飞行弧线。其次是击球的角度，也可以叫击球的拍形，主要由击球瞬间的拍面角度和击球的用力方向决定。再次是击球的初速度，这一要点和力量有关，出手的角度相同时，初速度越大，打出距离越长，弧高越高。最后是旋转性质，击球时赋予球的旋转性质不同，出手弧线和弹起弧线产生的效果也会不同：上旋能增加第一弧线弯曲度，同时增加第二弧线的飞行速度并降低弧高；下旋则能减小第一弧线弯曲度，缩短第二弧线的弹出距离，同时增加弧高；左侧旋能够让球的第一弧线和第二弧线的方向向右拐；右侧旋则能够让球的第一弧线和第二弧线的方向向左拐。

1. 弧线的运用

攻球和削球是乒乓球运动中两项基本技术，攻球是以速度和力量取胜的攻击技术，削球则是偏向于防守的技术。在攻球和削球时，上旋和下旋都起到了至关重要的作用，这就是对弧线的运用。

攻球时运动员在加大攻击速度和力量时，打出距离会越来越大，为了防止球出界，就需要尽量压低弧高，但并非没有限度，如果弧高过低，球就容易触网失分，这时就需要借助上旋。上旋能够增加弧线弯曲度，可以提升击球的准确性和威胁性。弧圈球比扣杀更稳健的一个重要原因就是上旋的作用。初学攻球者攻球弧线弯曲度很小，往往导致球路很直，不是出界就是触网，原因就是不会发挥上旋的作用。

削球是注重防守的技术，对它的最基本要求就是弧线的弧高要低。上旋球的飞行弧高较高，打出距离较远，而下旋球能够使球的飞行弧高较低，打出距离较近。因为削球偏重防守，自然击球的力量较小，打出距离

较短，但同时打出的弧高较高，很容易被针对，想要打出更有利于防守的削球，就必须做到击球弧高较低，且越低越好，最好能几乎擦网而过，想要达到这一要求，就必须使用下旋式削球，这样才能让削球既稳又低。

2. 把握第一弧线的准确性

合理的第一弧线是击球准确性的保证，尤其是在还击过程中，还击不同的来球对第一弧线是有不同要求的。

来球是近网低球时，还击的弧线弯曲度要大，打出的距离要短；来球是近网高球时，还击的弧线弯曲度可以小些，甚至可以直接扣杀，不要弧线弯曲度；来球是远台低球时，还击时则需要较长的打出距离和较大的弧高；来球是上旋球时，还击时要压低弧线曲度，缩短打出距离；来球是下旋球时，则要有意识地制造弧线来增加打出距离。

还击时击球点越低，越需要适当增加打出距离，同时制造更大的弧线弯曲度；还击时击球点越高，距离球网越远，越需要注意制造弧线，还需要较大的打出距离；削球还击时，应该保证较低的弧高，最好能够近乎擦网而过，增加对手接球难度；发球时，不管采用什么旋转性质和落点，都应该尽量减小弧线弯曲度。

3. 学会各种弧线变化的运用

弧线的多变性能够增加球的威胁性，一般由于拍形、击球时间、用力方向和用力方法的不同，击球弧线可分为四种：动作以向上为主，略带向前，拍形基本与台面垂直，可以形成第一弧线的弧高较高、速度较慢、弧线弯曲度较大，第二弧线较高的弧线；动作以向前为主，拍形略前倾，可以形成第一弧线近似与台面平行、弧线弯曲度较小、速度较快，第二弧线与台面近似平行但打出距离较远的弧线；第一弧线近似从上向前下方直线飞行，速度很快，第二弧线高度极低，球触台后会迅速向下滑落；球略带侧旋，第一弧线从上向前下侧方呈弧状飞行，第二弧线向侧下方滑落。

可以增加对手击球难度的弧线大体有以下几种：压低回球弧线高度；在前后方向上变化的飞行弧线；加大或变化回球弧线向左右两侧偏的角度。其中，加大或变化弧线向左右两侧偏角度的运用，很容易令对方疏忽和产生无力感。

（五）击球落点的训练

为了更好地控制击球落点，首先，需要训练腕关节的灵活性，提高用手指调节拍形的细微能力，要长时间习惯性地进行变化拍形角度和拍面方向的练习；其次，要在进行各种基础技术训练时，有意识地对击球落点提出要求，如按规定的路线将球回击到规定区域；再次，训练时要增强每一板球的落点意识，尽量做到指哪打哪，不断完善触球瞬间的细节调整，提升拍形、击球部位和力量的控制力；最后，按照规定的路线变化来进行技术加战术练习，如一点打两点，即击球的位置大体不变，但要求回球落点处在两个不同的位置；多点打一点，即回球落点位置固定，但要用不同击球模式和在不同位置击球。

第三章

乒乓球运动的基本战术与技术教学

本章主要内容是乒乓球运动的基本战术与技术教学，包括乒乓球运动基本战术的研究与教学，乒乓球运动基本技术的研究与教学，乒乓球的握拍法、步法及接发球的教学。

第一节　乒乓球运动基本战术的研究与教学

一、乒乓球运动的战术原理

乒乓球运动的战术种类多样，用法随机。由于乒乓球运动每回合的比赛速度较快，因此，球员对于战术的选择既带有提前性又带有随机性，具有双重特点。这里所谓的提前性是指本回合对对手战术的预判，以此提前制定出进攻或防守的战术；随机性则是随着比赛的进行，发现局面并没有按照自己预先设定的方式进行，此时就需要根据场上的情况随机选择最优战术。在乒乓球运动中，没有一种战术是万能的、适用于任何比赛情况的，只有运动员将这些战术在适当的时机进行编排和使用，才能获得最好的战术效果，而这种随机判断和选择战术的能力也是评定一名乒乓球运动员优秀与否的标准之一。

为了更好地将乒乓球运动的战术在比赛中运用出来，首先需要对其基本理论进行细致分析。

（一）乒乓球运动战术概述

战术的概念有广义和狭义之分，广义的战术是指运动员将技术、意志、智能和素质在比赛中有针对性的综合运用；狭义的战术是指在比赛中运动员根据对方的打法、类型及技术特点而采用的各种技术手段与方法。

战略和战术是两个不同的概念，战术包含于战略之中，战略与战术之间是全局与局部的关系。具体到乒乓球比赛中，一支乒乓球队伍如何确定参赛的队员、出场人选的排兵布阵等属于战略研究的范畴。而在比赛过程中，运动员为了取得比赛的胜利所采用的各种技术、手段和策略则属于战术研究的范畴。

（二）乒乓球运动战术的构成

1. 战术指导思想

战术指导思想是教练员根据比赛具体情况提出的战术运用活动准则，它对运动员的战术运用起着重要的指导作用。乒乓球战术指导思想不是一时一日形成的，它是随着乒乓球技术的不断发展变化而逐渐形成和发展起来的。在竞争日益激烈的现代乒乓球运动中，乒乓球运动战术指导思想和发展方向是运动员必须掌握的全面技术，运动员还需加强自身的优势技术，将全面技术和特长技术结合起来，使得技术的结合更加完善，同时还要注意技术创新，保证技术水平向着更快、更新、更狠的方向发展。

2. 战术观念

战术观念是指运动员对战术的概念、内容、基本原理和规律等进行认识和思考后所产生的观念和形态。一般来说，运动员对战术基本概念、原理等的认识程度越高，其战术观念就越强。而战术观念的强弱，对贯彻教练员的战术意图起着极为重要的作用。

战术观念的形成同运动员的自身特质（知识结构、比赛经验、思维方

式等）有着密切的联系，并且随着个人认识的改变不断发展变化。当一个人形成某种战术观念时，他就会在训练和比赛中时刻表现出这种战术观念对他的影响和约束。一般情况下，在运动员对战术的理解还不够透彻时，他就很难摆脱原有观念对其的影响和约束。在激烈的乒乓球比赛中，战术运用有成功也有失败，但是若没有形成正确的战术观念，就难以取得比赛的胜利。

3. 战术意识

战术意识是指运动员在比赛中为了达到一定的战术目的而产生的思维活动过程。战术意识主要包含以下两个方面的内容：一是运动员在比赛中对自己所采取的战术方法进行充分的了解；二是运动员能够根据比赛情况的变化随机应变，迅速做出正确的战术行为。通常情况下，要想使战术行为获得良好的效果，就必须具备较强的战术意识。但需要注意的是，战术意识的加强并不一定能保证比赛的胜利。只有全面提高战术能力，运动员才会具有取得比赛胜利的实力。

在平时的运动训练中，教练员要时刻注意加强对运动员战术意识的培养，使运动员深刻了解战术意识的真正含义。第一，应让运动员明白采取某种战术的目的，并对自己采取的战术行为可能产生的后果有所预测。第二，在战术行为的有意识表现上，运动员要对某种形势所产生的反应后果有所预测，这样才能获得比赛的主动和优势。第三，运动员战术意识的强弱也表现在运动的普遍经验与个体经验积累的交织上。第四，在运动员战术培养的过程中，要有目的、有意识、系统地对运动员加以乒乓球专项意识和战术意识理论知识的传授。

4. 战术知识

战术知识是指有关战术的各种经验和抽象化信息的总和。一般来说，战术知识有以下两种划分方法。

（1）以存在形态划分

一般来说，战术知识的存在形态主要有两种：一种是经验性知识，另一种是理论性知识。经验性知识主要是靠运动员在长期的训练和比赛中积累起来的，由于运动员存在认识过程和掌握技能等各方面的差异，因此经验性的战术知识往往带有较大的局限性和个体差异性。理论性知识是以一种抽象化信息形式来表现的，它是建立在无数个体经验性知识的基础上的，在很大程度上反映了客观事物发展的一般性规律，因而具有普遍性意义。在乒乓球比赛中，这两种知识都是十分重要的。

（2）以适用性划分

在实践过程中，战术知识又可分为一般性战术知识和专项性战术知识。一般性战术知识是指带有普遍意义的战术规律、战术原理、战术方法和谋略思考原则以及战术功能、战术结构体系等方面的知识。专项性战术知识则是专项特征的战术方法、战术形式、战术运用的条件以及战术行为效果等有关的知识。

实际上，任何战术知识都是逐步积累和发展起来的。当运动员积累了一定的战术知识后，会根据自身所具有的战术知识对战术活动做出预测和判断。因此，个人具有的知识结构既是自身认识活动的产物，又会反过来影响其认识事物的方式、方法以及思维过程。由此看来，战术知识对于教练员和运动员都具有十分重要的意义。

5. 战术行为

战术行为是指运动员为达到某个战术目的而采取的具有针对性的动作系列或组合。教练员制定的战术要通过战术行为表现出来，战术行为是运动员战术概念、思想、意识等的具体表现，是完成战术任务的具体方式。运动员要想完成某种战术任务，达到比赛的目标，就必须付诸战术行为，其前提是这个战术行为必须有利于解决比赛中存在的问题，这样才会具有实际意义。

二、乒乓球战术的分类与教学

（一）发球抢攻战术

发球抢攻是我国乒乓球运动员各种类型打法技战术中的重要战术之一，亦是前三板技术中最具威胁的技术。

1. 发球时的抢攻与抢控制

发球抢攻的目的是抢攻得分和控制比赛的主动权。由于不是每次发球都能获得抢攻的绝好机会，因此，发球抢攻不能与发球抢控制脱节。如果对手有较强的防御和相持能力，想通过发球后的一两板抢攻解决问题是不容易的。因此，在训练中应该努力提高抢攻的威力。

在发球抢攻训练中，不仅要努力提高抢攻的速度、力量和旋转等有效的技术质量，而且应该努力提高发球的不同旋转、速度、落点与抢攻的不同落点、弧线及节奏变化的有效战术配合运用能力，使发球抢攻的主动权始终牢牢把握在自己手中。

2. 合理利用抢攻干扰对方接球

第一，高质量的发球。发球质量的高低直接影响对方接球。对手受技术水平和身体能力的限制，在回接高质量的发球时，往往会因心里慌乱而感到力不从心，经常会出现接球方法单一，范围无变化，回球质量不高，容易出高球等现象。

第二，发球变化配套恰到好处。有效的发球变化配套对接发球也有限制作用。如果自己的主要发球不仅质量高，而且变化配套恰到好处，即使面对高水平的对手也能大大限制其接球方法与接球质量，争取到更多的、有效的抢攻机会。

掌握发球配套运用变化，是提高发球抢攻效率的重要手段。要做到这一点就必须坚持适合自己特长进攻技术的主要发球，保证发球与抢攻的协调组合。在主要发球技术取得明显效果时，及时变化运用配套发球牵制对手，然后回到自己主要的发球抢攻组合上来。应注意避免发球的无序变化，如一球一变。这样不利于发挥自己的特长进攻技术，也不利于吸引对手的注意力，为后面的配套变化创造条件。还应该注意避免发球配套变化太晚，当发球已经被对手适应才想起配套的变化，这将不利于掌握抢攻的主动权，并会加大自己抢攻的难度。

第三，制造假象，误导对手接球。如自己擅长发不转球抢攻，但是比赛后连续发两个转球，给对方留下深刻印象后立即转变，发不转球抢攻。若自己擅长抢攻右半台正手位的台内短球，但在发球时故意选择站在球台左侧外边，做出要侧身抢攻的姿势，来引导对手有意识地回接到自己的右半台。也可以故意向对手有接球习惯的位置发球，以便有准备地抢攻。

3. 合理运用发球抢攻战术

（1）正手发转与不转球后抢攻

一般是以发至对方中路或右方短球为主，配合左方长球。开始先发短的下旋球，以控制对方不能抢攻或抢拉，然后发不转球抢攻。不转球，一般也先发短的或发至对方攻势较弱的一面。如果对方吃发球，还可适当发些长球到其正手。若能发到似出台又未出台的落点，则效果更好。

（2）反手发右侧上、下旋后抢攻

此战术尤其适合擅长反手进攻的选手。一般多发至对方中右近网或半出台落点，然后用正、反手抢攻对方反手。亦可发长球到对方两大角。一般发至对方正手时，对方常会轻拉直线，可用反手抢攻斜线。若发至对方反手位时，还可伺机侧身抢攻。

（3）侧身用正手发高、低抛左侧上、下旋球后抢攻

侧身用正手发高、低抛左侧上、下旋球的落点为发至对方中左短、左大角、中左长、中右（向侧拐弯飞行正好至对方怀中）和右短，配合一个直线奔球。左手执拍的选手采用此套发球抢攻的战术，威胁更大。一般多用侧身发高抛至对方右近网，对方轻拉至反手，可用推挡狠压（也可用侧身攻）一板直线，可直接得分，或为下板球的连续进攻制造机会。若对方

撇一板正手位球，可用正手攻一斜线至对方反手。

（4）反手发急上、下旋球后抢攻抢推

此战术在运用时可分为两种情况。第一，反手发急上旋球至对方反手后，侧身抢攻。要求急球必须发得快、力量大、线路长，最好能有一个直线急球配合。第二，擅长反手推挡的选手，或遇到对方反手推攻较差的选手，可发急下旋后，用推挡紧压对方反手，再伺机侧身攻。为了增强上述战术的效果，可与发右方小球配合运用，以长短互相牵制对方，相得益彰。

（5）反手发高抛右侧上、下旋球后抢攻

一般在运用时，以发到对方正手位或中右近网为主，配合发两大角长球，伺机抢攻。

（二）对攻战术

对攻是进攻型选手相遇时，从发球、接发球转入相互对抗，形成攻对攻的局面。具体的对攻战术有以下几种。

1. 对攻战术一：压对方反手，寻找时机反攻

第一，一般用于对付反手较弱或进攻能力不强的对手。如在第35届世乒赛中，匈牙利选手就用正、反手弧圈球压住中国选手的反手，乘中国选手挤出较高的球后发力猛冲。第二，压对方反手时，可用推挡，反手攻或弧圈球。第三，压对方反手准备侧身前，应主动制造机会，或突然加力一板，或攻压一板中路，或攻压一板大角度，尽量避免盲目侧身。

2. 对攻战术二：压左调右

（1）适用范围

① 自己反手不如对方反手时，主动变线，避实就虚。

② 对方侧身攻的意识很强，用变其正手的方法，既可偷袭空当，又可牵制对方的侧身攻。

③ 对付正手位攻击力不够强的选手。

④ 自己正手好，主动变对方正手后伺机正手攻。

⑤ 自己反手攻击力很强，可在变对方正手位时直接得分或取得主动。

⑥ 左手执拍的选手用此战术较多。因变线的角度大，右手执拍的选手往往被动。

（2）注意事项

① 变线的这板球应有质量。例如，推挡变线应凶一点，这样对方跑过去难于发力，自己侧身抢攻就比较容易。

② 避免习惯性变线，以防被对方适应，反遭被动。

③ 应是主动变线，切忌被动变线，否则易给对方提供抢攻的机会。

3. 对攻战术三：压左等右

多在对方采用压左调右的战术时使用。运用此战术时，压对方反手要凶一些，否则对方变线较狠，自己往往被动。

4. 对攻战术四：调右压左

（1）运用方法

先打对方正手，将其调到正手位并被迫离台后，再打其反手位。注意调整正手位的这板球要凶，否则易遭对方攻击。

（2）适用范围

① 对方左半台进攻能力比较强，压对方反手位不占便宜时。

② 对付正手位进攻能力不强，或反手位只能近台，不擅于离台的直拍快攻选手。

5. 对攻战术五：压对方反手，中路后迅速抢攻

用于对付站位中台的两面拉（攻）的选手。运用此战术时，一般应先加力推（攻）将对方压下去，再减力挡将其诱上来，然后伺机加力扣杀。如果仅有减力挡没有加力推则容易造成被动。

（三）拉攻战术

拉攻战术是进攻打法对付削球打法的主要战术。快攻的拉攻战术主要

是运用拉球的落点变化创造机会，并进行突击和扣杀，迫使对方后退防守，从而达到控制对方、赢得主动的目的。

1. 拉攻战术一：攻守结合

在运用拉攻战术时，不可避免地会遇到对方的反攻。此时，必须积极地防御。当对方进行削中反攻时，应尽量采取推挡变线和正手打回头来压住对方的第一板攻球，使其不能连续进攻。若对方两边能攻的可压其中路，对方单面攻的可压其两角。如果对方也是攻守结合的打法，则要做好对攻的准备。

2. 拉攻战术二：拉中路杀两角或拉两角杀中路

拉中路杀两角，是从中路找机会，然后杀两角得分。对付站位较近或控制落点较凶的削球手效果尤好。中路球不好削，更难于削出落点很凶的球，所以突击的机会比较多。拉两角杀中路，是从两角找机会，然后突击中路得分（或是突击中路后，使对方削出更高的机会球，再大力扣杀两大角）。

3. 拉攻战术三：拉左杀右或拉右杀左

这两种基本战术实际是拉一角杀另一角。一般是拉对方削球或反攻较弱的一角，扣杀另一角。拉与杀线路的变化，常使对方无法适应而造成被动或失误。

4. 拉攻战术四：拉直杀斜或拉斜杀直

这两种基本战术各具有特点。拉斜线，比较保险、稳健。杀直线，突然性强、速度快，但技术难度较大。拉直线，仅从线路讲技术难度较大，但拉球本身技术难度小，较稳健。杀斜线，比杀直线容易，命中率也高。在比赛中，具体采用哪种战术，还需依据对方和个人的情况而定。一般来说，拉斜杀直比拉直杀斜战术运用得多。

5. 拉攻战术五：拉搓、拉吊结合

运用此战术时，一定不要搓（吊）过多，否则自己越搓（吊）越软，对方还会利用此机会反攻。

为防对方的反攻，搓和吊球的弧线一定要低并讲究落点。一旦对方反攻，应坚决回击好第一板，使其难于连续进攻。

（四）削中反攻战术

削中反攻战术是用削球变化旋转和落点，迫使对方在走动中回击失误或接出机会球，伺机进行反攻的战术。运用削中反攻战术的基础是削球，首先要求削球能与对方拉攻形成相持或主动的局面，能为进攻创造条件。同时，还要求运动员具备走动中的进攻能力，以便不失时机地进行反攻。把削球和攻球有机结合起来。

1. 削中反攻战术一：削转与削不转球

这是削球反攻常用的基本战术。一般是先削加转球，使进攻型选手难于抢冲，并使其拉得手臂发硬后，突然送出不转球，伺机上前反攻。在具体运用中，有时还采用削加转球至对方反手，削不转球至对方正手，伺机进行反攻。还有人以连续削接近端线的不转长球为主，使对方拉球失误或自己伺机反攻。

2. 削中反攻战术二：逼左、右两角

一是先逼左角，再逼右角。二是先逼右角，再逼左角。对手右方攻势强的，先逼其左角；对手左方攻势强的（如擅长侧身拉攻），先逼其右角，使对方不能站定等着打。此战术若能和旋转变化相结合则更好，如先逼对方右角，再突变其左角，配合转与不转的变化，对方在来不及侧身攻时，多以搓球过渡，判断不清容易出高球或下网，削球选手可伺机反攻。

3. 削中反攻战术三：变被动为主动

削球选手在接突击球时，往往是接过去就算，结果常遭对方连续攻击，最终难免失分。为了在被动中争得主动，应采用“逢直变斜、逢斜变直”的战术，使对方不能站在一个固定的位置上击球，增加其连续进攻的难度。

4. 削中反攻战术四：攻、削、挡结合

（1）削、挡结合

① 主动运用削、挡结合战术。一般是异线变化，如先用削球连逼对方反手大角度，对方侧身拉，再突然上前挡一板至其正手空当，伺机反攻。

② 被动运用削、挡结合战术。在对方搓中突击、发球抢攻或吊小球后打突击时，皆可在台前挡一板。既可缓解来不及后退削球的燃眉之急，又可变化击球节奏，变被动为主动。

（2）攻、挡、削结合，伺机反攻

此战术多为使用长胶球拍的直拍选手采用。在近台，用反手拱斜，直线后，伺机用正、反手抢攻。当对方轻拉时，可轻挡对方两大角（一般多挡至对方反手），对方被迫改搓或轻轻将球托起后，迅速反攻。当对方发力拉时，一般以削球回接，伺机变挡或攻。这种打法在回球的旋转落点、力量、节奏上皆有变化，所以，此战术往往使对方心里很不踏实。

（五）搓攻战术

搓攻是削中反攻和攻守结合类打法的主要进攻战术，又是快攻类打法对付攻球和削球打法的辅助战术，主要利用搓球的旋转和落点变化控制对方，为进攻创造机会，以达到攻击对方的目的。使用两面不同性能球拍的选手，利用倒拍搓球创造机会，更是可加强主动进攻的重要手段。

由于弧圈球技术的不断发展，对搓球的要求也相应提高，不仅要有旋转和落点变化，还要加上速度才能控制对方，使自己能抢先拉起或突击。

1. 搓攻战术一：先搓反手大角，再变直线

此战术主要用来对付反手不擅长进攻的选手。先逼住对方反手大角，视其准备侧身攻或将注意力都放到反手后，变线至其正手，伺机抢攻。

2. 搓攻战术二：搓转与不转球

一般先以搓加转球为主，然后用相似的动作搓不转球，对方不适应或

一时不慎就会将球搓高，为自己的进攻创造机会。在运用旋转变化时，最好能与落点相结合，二者相辅相成。

3. 搓攻战术三：短球为主，两大角长球为辅

短球，特别是加转短球，对方抢攻的难度比较大，但光是短球对方又容易适应。近年来欧洲选手攻台内短球的技术有很大提高，所以，应注意用两大角长球配合。

对付进攻型选手时，应特别讲究搓球的速度并应尽量少搓，树立“搓一板即攻”的指导思想。

4. 搓攻战术四：搓中转快攻

第一，搓中先拉一板弧圈或小上旋，迫使对方打快攻。第二，搓中突击。直拍正胶快攻选手在遇到旋转不强烈或位置比较合适的搓球时，应大胆运用搓中突击或快点的技术，由此而转入连续进攻。第三，搓中变推。遇对方搓过来的不转球（包括长胶、防弧圈球拍搓过来的球），直拍进攻型选手可用推挡对之，由搓变推，转为快攻。

三、乒乓球战术的影响因素

（一）技能与体能因素

在任何比赛项目中，技能都是最为关键的要素，它是运动员掌握各种基本技术的能力。而技术掌握得是否全面、技术水平的高低，则直接影响战术质量的优劣。比如在乒乓球比赛中，如果一个以旋转为主、结合快攻的选手连弧圈球的基本技术都未能很好掌握，那么要想在比赛中取得发球抢攻的效果是异想天开的事情。因此，运动员技能高低将直接影响战术行为的贯彻和实施，对比赛的结果起到决定性作用。

在比赛中，运动员要消耗大量的体力，没有良好的体能作为保障是不可能完成比赛的。在乒乓球比赛中，比赛回合越来越多，竞争越来越激烈，这就要求运动员每一板击球都必须尽全力争取主动，否则就会陷入被动，

影响战术的效果。因此，运动员要有非常好的体能储备作为基础，才能更好地驾驭比赛。

（二）心理与思维因素

在高水平比赛中，运动员心理素质的好坏是至关重要的，有时能起到决定性的作用。运动员在实战比赛中通常有两种表现类型：一类是“训练型”；另一类是“比赛型”。“训练型”运动员的特点表现是训练时能较好地发挥出自身的实力，但在实战比赛中心理素质较差，无法充分发挥出训练中的技战术水平。“比赛型”运动员的最大特点是在实战比赛中的心理素质较好，能充分发挥出自己平时训练中的技战术水平，从而获取比赛的胜利。

运动员的思维能力也是至关重要的，运动员对教练员布置的比赛战术的领悟与贯彻能力，取决于其智能水平。在现代高水平乒乓球比赛中，仅仅依靠单一的战术方法取得比赛主动乃至胜利是不可靠的，运动员必须要通过临场观察来分析对手的特点和打法，采取克敌制胜的策略，这就对运动员的思维、分析能力提出了更高的要求。

（三）战术与谋略因素

谋略就是指对抗双方为了获得比赛的胜利，尽可能地调动自己的智慧，开发自己的潜力，寻求出奇制胜的方法和策略。乒乓球比赛中，在双方技术实力相当的情况下，谁的战术运用合理，谁就会收到好的效果。在制定战术的过程中，主要在于把握对方的特点，正确分析自己的实力，充分发挥自己的特长技术来限制对方，从而达到战胜对方的目的。

在乒乓球团体比赛中，战术与谋略对比赛的走势和影响是极为巨大的，是团体赛成败的关键因素之一。因此，教练员一定要从以下几个方面综合考虑。

第一，要出奇制胜。所谓“奇”，就是派出一般人预料不到的选手，致使对方惊慌失措，发挥不出本身的真正实力。

第二，大胆起用年轻球员。年轻球员或者新手虽然经验比较欠缺，但是冲劲十足，容易给对方造成较大的精神压力，令对方措手不及。

第三，知人善任。比赛中运动员的状态总会出现一定的起伏，这是正常现象，这时教练员就要给予运动员充分的信任，针对心理问题找出原因，帮助其克服困难，打好比赛。

第四，根据实际情况，做好团体赛的排兵布阵，这直接关系到整个比赛的胜负。教练员在排兵布阵时要从以下三个方面进行考虑：一是要采取以我为主的方法；二是要采用“针对性”的布阵；三是要根据本方队员的技战术、心理等各方面的情况加以选择。

四、培养乒乓球战术意识

在乒乓球运动中，战术意识的作用极为重要。运动员拥有良好的战术意识，能实现预判和调节作用，及时根据情况调整自身的战术，使战术更加具有针对性和目的性，从而把控比赛的主动权。

（一）运动员必备的战术意识

战术意识是综合性素质的一种体现，也是运动员面对现实情况所产生的心理变化的内在展示。乒乓球运动精准性高、技术性强、节奏性快、变化性多，培养战术意识就是为了让运动员做好战前准备，在遇到各种情况时能够快速产生相应的目标、计划、思路和准备。运动员要想在比赛场上有效组织技术和运用战术，就必须拥有较强的战术意识，以下是乒乓球运动员必备的战术意识。

1. 熟知乒乓球运动的基本规律

乒乓球运动的技术性很强，分为多种风格、不同模式的技术组合，在比赛中各种技法、战法更是层出不穷。运动员首先需要做到的就是了

解各种技术、战术的基本特点和各种组合形式，清楚乒乓球运动的基本规律，然后根据这些规律深入理解技术组合，了解得越多，眼界越广。只有这样，在遇到复杂情况时才能快速做出最正确的判断，把握赛场的主动权。

2. 预判与果断

预判是乒乓球运动中非常关键的一项能力，因为在比赛中任何人都不会显露出自身的战略意图和战术构思，每个人都会竭力掩饰自身的意图，甚至会通过诱饵动作迷惑对手。在复杂的状况中察觉对手的战术意图，就需要运动员通过直觉进行感知，通过行为进行判断，通过对手反应进行预估，这就是预判。通过预判了解对手的战术意图后，就要果断采用相关战术，只有这样才能快速获取主动权。

3. 快速精准反馈

不管是预判还是果断运用战术，都不一定达到预期目标，因为乒乓球运动节奏快、速度快，而且现实情况极为复杂，对抗的双方一直都处在不断变化的过程中，所以运动员必须拥有精准反馈能力，即在使用技术或战术之后，也要将运用的结果、对方的反应、对方的应对和状态等信息迅速且精准地反馈到头脑中，然后通过反馈结果修正和调整战术，做到真正随机应变。

（二）战术意识的培养方法

乒乓球运动的战术意识与技术、战术等都需要通过长期的训练、锻炼和总结比赛经验逐步形成，所以在日常的训练和比赛中，要注意培养运动员的战术意识，在不断强化和提高其技术水平的同时，让运动员形成自己的战术意识。

1. 乒乓球运动的基本功训练

任何成型的技术、战术和战术意识都与乒乓球运动的基本功息息相关，只有运动员拥有足够扎实和全面的基本功，才能为战术意识的培养提供基

础。运动员的基本功分为基本体能和基本技术，其中基本体能的训练可以通过一些专门性的训练方法提升运动员的专项身体素质、击球爆发力、步法移动速度、击球摆速等；基本技术的训练则需要通过不同打法特点和要求，制定较为多变的训练方案，以实现快慢结合、轻重结合、长短结合的全面技术提升，同时可以在训练中加入实战元素，以提高运动员的应变能力和适应节奏，为战术意识的打造奠定基础。

2. 理论知识的学习

乒乓球运动拥有一套完整的理论体系。在乒乓球比赛中，运动员会遇到各种各样的复杂情况，要想拥有匹配的战术意识，就必须有足够完善的理论基础和专业知识，同时要在理解理论和专业知识的基础上，形成自己的逻辑体系，只有这样才能在比赛中适应乒乓球运动超强的技术性和变化性。首先，在训练中，教练要有意识、有目的、系统地向运动员传授相关的理论和专业知识，让运动员对乒乓球运动的发展趋势、规则、技术中涉及的力学、比赛中涉及的心理、掌控技术和战术涉及的生理等各方面的内容有所理解，引导运动员主动探寻乒乓球运动的规律，主动分析问题，可以在传授过程中结合实例，让运动员不仅知其然还要知其所以然。其次，运动员自身也要树立自主学习各种理论和专业知识的意识，运用自己总结的学习方法系统地理顺各种理论和知识的逻辑，从而最终形成自己的理论体系，为培养战术意识夯实基础。

3. 心理状态的训练

在乒乓球运动中，运动员心理状态的外在表现就是比赛时的主观能动性，也是运动员意志的体现。运动员只有展现出越战越勇、机动灵活、不骄不馁、奋力拼搏的状态，才能在比赛中掌控主动权，在遇到问题和阻力的时候才能快速解决并转变为拼搏的动力。尤其是在面对关键球时，运动员只有保持沉着冷静的心理状态，有着背水一战、拼搏到底的顽强精神，才能将自身的技术和战术充分发挥，最终把握住机会。运动员的心理训练可以采用不同形式的训练模式，如呼吸调节法训练、放松心态训练、意念

训练等，在平时训练中要注重提高运动员的自控力，从而保持平稳而坚韧的心理状态。

4. 战术思维的训练

任何战术若只是构思而不执行，都只能是空想。想和练完美结合才是培养战术思维的重要手段。在锤炼战术思维的过程中，首先要求运动员针对不同的战术情况设置一定的问题，进行分析并提出应对措施，这个过程是为了培养运动员的观察和思考能力，考验的是其判断力，在复杂多变的情况中梳理出最关键的问题是应对突发情况和问题的关键。其次，需要运动员以实战的形式，执行其提出的具体应对措施，考察这些措施是否能达到期望，若不能，则引导运动员再次梳理问题，重新提出应对方案并践行，直到能解决问题为止。最后，可以让运动员观看高层次的比赛实况，从真正的比赛中汲取经验并开阔视野，然后发现问题，甚至可以针对某些情况进行比赛实战，从而及时总结经验并修正不足，最终锤炼出坚韧的战术思维。

5. 形成独特的战术风格

建立战术风格的前提是运动员在基本技术、战术理论以及战术运用等方面有一定的基础。运动员应结合自身的特点扬长避短，从本身类型打法上形成自身的特长技术动作，再根据个人的打法特点、技术特长、身体素质、球拍性能和自身优缺点等，从发球、攻球、推挡球、拉球、搓球和削球等各个特定方向确立和建立与自身特点相匹配的特长技术和击球线路，把自己的特长技术动作作为重点技术，有意识地进行实践和融合培养，最终促使战术意识逐步过渡为独特的战术风格。战术风格建立之根本就是以运动员自身优势发挥最大化为目标，融合运动员全部技术，最终形成颇具特色的战术打法。当然，战术风格的确立并非一蹴而就，也并非一成不变，随着自身技术完善、打法风格改变、经验丰富等，战术风格也需要进行相应改变。

第二节　乒乓球运动基本技术的研究与教学

一、乒乓球运动的基本功

（一）基本技能与体能

乒乓球运动的基本功就是指乒乓球运动员为了达到某一高水平，所必须具备的基本技能和基本体能。

1. 基本技能

乒乓球运动的基本技能主要是指技术质量、变化能力和适应能力的三个方面。第一，技术质量。技术质量包括击球的准确性、速度、力量、旋转和落点，即通常说的打得准、打得狠、打得快、打得转、打得落点好。第二，变化能力。变化能力包括击球的速度变化能力、力量变化能力、旋转变化能力、节奏变化能力和落点变化能力。第三，适应能力。适应能力是指在击球的过程中，对对方使用的各种不同性能的球拍、各种不同的打法所产生的速度、力量、旋转、节奏、落点等变化，都具备适应的能力。

2. 基本体能

基本体能主要指运动员的专项身体素质，包括击球时前臂和手腕、手指的爆发力，视觉和动作的反应快慢，对旋转、落点的精确判断能力，步法移动及时、准确、到位的能力，左右摆速挥臂击球的快慢，全身配合的协调性及专项耐力等。

（二）乒乓球的球性

人们刚开始学习打乒乓球时，要么是打不着球，要么是击球出界，很难将球打到对方台面。其主要原因是对乒乓球和球拍的性能不熟悉。因此，

初学者在学习乒乓球之前，应先做熟悉球性的训练。

1. 托球

第一，原地托球。持拍手执拍于腹前，不持拍手将球由上往下丢到拍面上，持拍手进行向上连续平托，等练熟后再练习托高低球。第二，移动托球。先练向前后左右方向走动中、跑动中托球，再练向左右旋转身体 180°～360°托球。第三，变样托球。先练向上左、右托球，再练向上前、后托球，变花样托球，如通过腿抬起托球，身体下蹲、站起、旋转变样托球等。

2. 对墙击球

第一，对墙击球落地。托球者面对墙，托击球至墙壁反弹落地后，再进行连续托击，由远到近。第二，对墙托击球。托球者面对墙，持拍托击球至墙壁，球反弹后，不等其落地进行连续托击。距离由远到近，速度由慢到快，力量由小到大。第三，对墙挡球。拍形稍后仰，变托球为挡球。向前用力比托击球多，速度比托球快。第四，对墙攻球。对墙攻球可以采用与对墙挡球相同的方法。

3. 徒手模仿动作的造型训练

初学者在熟悉球性的同时，也要做一些简单的徒手模仿动作练习。一般是先练推挡和攻球，先徒手练习，再执拍练习。教练员对初学者一定要严格要求，做到徒手模仿动作符合技术动作要领，不要求快，只求正确。初学者可以相互观察、相互指正，也可以自己对着镜子观察练习，如发现动作错误或效果不好时应及时纠正，在改正动作时可将动作放慢，改对了再逐渐加快。做手法模仿时不仅手臂的摆动和拍形要正确，而且要注意腰髋、腿的动作，以及身体重心的转换和全身的协调配合用力。

4. 步法模仿

可以在球台前进行，也可以在其他地方进行。可先练单步换步、跳步和跨步，再练侧身步、交叉步。在开始练习时也要做到先慢后快，其目的是练正确、练熟练。

5. 手法和步法结合模仿

通过手法模仿造型和步法初步学习，对击球动作和步法都有了初步亲身体会和掌握以后，可把击球动作和步法连贯起来进行完整的模仿练习。在做这种模仿练习时，一定要注意做到先移动步法，后“击球”的动作结构，以保证击球动作的正确。其目的是建立完整的、正确的击球动作造型。

二、发球技术

发球在比赛中具有技术和战术上的意义，它是唯一不受对方来球制约的技术，也是连接整个乒乓球比赛的重要环节。

1. 发球要点

（1）速度、旋转、落点相结合

以速度、落点准确为主，配合旋转：要求发球时的出手动作一定要快，而且落点准确；以旋转为主，配合落点：要求旋转变化差距大，发球动作又相似，真假结合。

（2）有自己的绝招

在掌握发球技术比较全面的基础上，精练1～3套独特的绝招。

（3）创造新发球

一是创造出原来没有的发球。二是将原有的发球质量提高，使其由量变达到质的飞跃。

（4）避免单一发球

避免“清一色”高抛、旋转大同小异、落点皆以短球为主的发球，要向多类型、高质量发球方向努力。

（5）保证动作规范

在发球时，严格要求发球动作，必须符合发球的规则要求。

2. 发球的种类

发球的变化很多，按性质来划分，可分为速度类发球、落点类发球、

旋转类发球；按形式来划分，可分为低抛球、高抛球和下蹲式发球；按方位划分，可分为正手发球、反手发球。

下面以几种主要的发球技术加以分析。

（1）平击发球

① 特点及应用

平击发球是初学者最基本的发球方法，是一种运动力量轻、速度慢、旋转弱的一般上旋球。平击发球分正手平击发球和反手平击发球两种。

② 动作要领

正手平击发球：站位近台中间稍偏左半台，左脚稍前，抛球同时转体，手臂向身体右侧上方引拍，小臂带动大臂向前平行挥动，拍形前倾。当球跳至下降期时，挥拍击球的中上部，向前方发力，使球的第一落点在球台的端线附近。

反手平击发球：站位球台中间稍偏左半台，右脚稍前或平行站立，将球从身体左侧方抛起，抛球同时身体略向左转，持拍手向身体左后方引拍，拍形前倾，当球跳至下降期时，击球的中上部，向右前方发力，使球的第一落点靠近端线。

（2）正手发转与不转球

① 特点及应用

它是指发球者正手用相似的动作发出旋转强弱差异较大的球，这种球具有速度慢、前冲力小的特点。在比赛中，发转与不转球配合使用，可以在旋转上迷惑对方，破坏对方的接发球技术，造成对方判断失误，可伺机抢攻甚至直接得分。

② 动作要领

第一，发加转球时，手臂由后上方向前下方挥摆，前臂做旋外转动使拍面后仰，手腕用力，使球拍下部靠左的一侧摩擦球的底部。

第二，发不转球时，前臂做旋外转动应稍慢，使拍面的后仰角度小些，用球拍下部偏右的一侧碰击球的中下部，故球的旋转较弱。

（3）正手发左侧上（下）旋球

① 特点及应用

这种发球以旋转变化为主，飞行弧线向对方左侧偏拐，球速较慢但在左侧旋力较强。这种技术动作幅度小、出手快。正手发左侧上旋球是指对方平接回接时，球向发球员的左侧上方飞出；正手发左侧下旋球是指球向发球员的左侧下方下网。两种发球动作相似，具有一定的稳定性，是运动员在比赛中运用较多的发球方法。

② 动作要领

左脚在前，右脚在侧后，在球向上抛起的同时持拍手向右后上方引拍，球拍稍后仰，手腕外展。当球落下时，手臂自右上方向左下方挥拍，在球拍触球的瞬间加大前臂、手腕的爆发力，增强球的旋转。

发左侧上旋球时，手臂从右上方向左下方挥拍，球拍从球的右侧中下部向左侧面摩擦，并在触球时勾手腕以加强上旋，如图 3-2-1 所示。

图 3-2-1　正手发左侧上旋球

发左侧下旋球时，手臂自右后上方向左前下方挥拍，球拍从球的右侧中下部向左侧下部摩擦，拍面后仰，腰要配合向左转动，如图 3-2-2 所示。

图 3-2-2　正手发左侧下旋球

（4）奔球

① 特点及应用

奔球分正手奔球和反手奔球两种，它的特点是球速快、冲力大、落点长、弧线低。在比赛中，可以运用奔球的速度和落点的变化干扰对手，创造抢攻条件。

② 动作要领

正手奔球：左脚稍前，身体侧对球台，在球向上抛起（抛球不宜过高）的同时，持拍随即向右上方引拍，拍形稍前倾，腰向右转。当球下降至网高时，前臂带动大臂从右后向左前方挥动，触球瞬间运用手腕的力量击球，再变化拍面发出斜线和直线球，随后重心转至两脚上，面向球台还原。

反手奔球：右脚稍前，身体略向左转，在球向上抛起（抛球不宜过高）的同时，持拍随即向左后方引拍，大臂靠近身体。当球下降至网高时，用小臂带动大臂由左后方向向右前方挥动，拍面前倾，摩擦球的左侧中上部。

（5）反手发急下旋球

① 特点及应用

这种发球球速快、弧线低、冲击大、落点长，迫使对方后退接球且极易造成对方下网失误，为本方抢攻做准备。但它在比赛中只能做配合及牵制使用。

② 动作要领

右脚稍前或两脚平行，腰略向左转，抛球的同时右臂稍稍内旋，拇指压拍时拍面稍稍后仰，向后上方引拍。当球降至身体左前侧与网同高或略低于网高时，前臂迅速用力向前下方推球，用边碰撞边摩擦的动作击球的中下部，球击出的第一落点在本方台区的端线附近。

（6）高抛发球

① 特点及应用

1964 年，我国吉林省运动员刘玉成发明了高抛发球。它是指发球员将球抛至约 2 m 空中，待下落到一定程度时击球的技术。挥拍时上臂外展的幅度较大，要借助转腰和蹬地的力量。由于抛球高度大幅提高，球体下落时的速度骤增，具有球速快、旋转强、变化多、时间差明显等特点，目前已被世界各优秀的运动选手采用。高抛发球有正手高抛发球和反手高抛发球两种。各种高抛发球的动作方法、触球部位和发力方向等与低抛发球基本相同。为提高发球质量，在发球时应有旋转、落点和线路的变化。

② 动作要领

正手高抛发球：站位左半台，身稍侧，将球抛高，抛球手的肘部贴近身体左侧，抛球时用小臂向上抛起的力量，让球与地面垂直，使球在身体的右侧前方降落。当球下降至头部高度时，由右上方向左下方挥动球拍。发左侧上旋球时，球拍从球的右侧中下部向左侧上部摩擦；发左侧下旋球时，球拍从球的右侧中下部向左侧下部摩擦。发力方向和挥拍路线应对准对方右角，使球呈直线前进，如图 3-2-3 所示。

反手高抛发球：反手高抛发球是 20 世纪 80 年代我国选手在反手低抛发球的基础上创新的发球技术，代表人物为女单世界冠军曹燕华。主要有反手高抛发右侧上旋球和右侧下旋球，在比赛时常常将两者结合起来运用。

图 3-2-3　高抛式发球

右脚在前，左脚稍后，持球手用力向上抛球，当球开始下降时，持拍向左上方引拍，上体略向左转，用以增大击球的距离。

当球下降到头部高度时，持拍手从左上方经身体前向右下方挥拍，球拍触球的左中下部并向右侧上部摩擦。球拍触球瞬间手腕由左向右抖动，以增大球的旋转，此为右侧上旋球。

持拍手从左后、上方向右下方挥拍，球拍从球的左侧中下部向右侧下部摩擦。触球瞬间手腕由左向右抖动，增大球的旋转，此为右侧下旋球。

（7）逆旋转发球

① 特点及应用

逆旋转发球是在旋转发球的基础上发明的一项新的发球技术。其特点是出手快、发力协调、动作隐蔽，球的旋转力强且富于变化。由正手发出的球却具有类似反手发球的性质，因此，适合反手具备抢攻能力的选手使用。

② 动作要领

左脚在前，右脚稍后，将拍引至后肘部抬起，前臂及手腕由内向外挥摆，手腕向内后引拍，触球时自左向右发力摩擦。发侧上旋球时，触球的左侧上部，向前下用力；发侧下旋球时，触球的中下部，向下用力。

三、接发球技术

发球没有任何技术上的限制，这增大了接发球的难度。所以，提高接发球的技术能力，可以迅速提高比赛实战能力。

接发球是在比赛中由防转攻、攻防转换最常用的方式。转变相持阶段或相对被动的状态，争取主动，是接发球中的基本指导思想。

1. 良好的站位

乒乓球运动中，站位的良好与否对接发球来说至关重要。接发球时选择所站的位置，需要能够通过一个简单的步法移动，照顾到回击本方台面来球。站位能否为本方进攻创造有利条件是站位是否合理的依据。一般情况下，接发球运动员的站位在站台中间稍偏左位置，站位离球台 30～40 cm。

2. 准确接发球

接好发球的第一步是做好判断，只有准确判断来球的方向、力量、落点、旋度等，才能更好地运用接发球技术。做出判断之后，就可采取各种接发球的技术。常见的接发球技术有以下几种。

（1）搓接

搓球的出手快、动作小、隐蔽性强，运动员可以根据自身的打法和特点对这一技术进行进一步划分，如慢搓、快搓、摆短、搓长、晃撇等。下面介绍几种常用的搓球技术。

① 摆短

摆短是快搓短球的一种方法，其特点是出手快、突然性强，能有效限制对手的拉、打。在用摆短接发球时，手臂离身体要近，如果离得过远就

很难控制球的力量，从而影响接发球的准确性和质量。同时，手臂不要过早地伸入台内，否则难以体现摆短技术出手快的特点。另外，短板接发球应当在球跳至上升期时击球的中下部，增加球速。

② 搓长

搓长技术的运用主要是为了配合摆短运用的快搓底线长球。它的最大特点是速度快、突然性强。搓长的手法与摆短极为相似，都是以小臂发力为主。另外，手腕的摆动不能过大，否则会影响击球的感觉。

③ 晃撇

晃撇一般是在侧身位正手搓侧旋球、斜线球，常用来接短球，与侧身挑直线配合运用，使对手不敢轻易侧身，进行有威胁的正手抢攻。当来球跳至最高点时击球，球拍接触球的后中下部，手腕外展，向左侧前下方摩擦球，使球带有左侧下旋，落台后向外拐。

（2）挑接

挑接分为正手挑和反手挑，其中反手挑主要由横板运动员或直拍横打运动员运用。

当球即将过网时，持拍手臂伸进台内，同时根据来球的方位不同，脚朝前跨步，将腿插入台内。正手位上右脚；反手位则用反手挑，上持拍手的同侧脚；侧身位则上左脚，右脚适当跟上。当球跳至高点期时击球的后中部。在击球瞬间，手腕突然内收（正手）或外展（反手），给球一点摩擦，以保证准确性。

如果挑接运用得好，可以变被动为主动，因此，它是接短球中一种比较主动的方法。现如今，乒乓球运动员多以搓接为主，在开始练习时，增加挑接的训练比重可以有效提高运动员的基本技术水平。

（3）拉接

拉接多用于对付长球。在拉接中，第一时间与第二时间具有本质上的区别。第一时间是指手高于球台或基本与球台在一个水平面上接触球的时间，此时拉接容易发力，能够保证一定的准确性。第二时间是指手低于台

面接触球的时间，在第二时间接触球时，需要进行适当的调整，在力争压低弧线的同时，靠落点来控制对手。

初学者练习拉球时，应主要练习第一时间拉接，体会发力击球对旋转的感觉，待熟练掌握之后，再开始练习第二时间拉接。

（4）攻打

攻打在接发球中是一项难度较大的技术，主要用来对付长球。由于发球旋转强，突然性和速度也今非昔比，给接发球攻打技术的运用造成了极大的困难，以致于现在的比赛中，运动员接发球时使用攻打的概率已经很低[①]。攻打作为乒乓球的一项主要技术，其特点主要是威胁大、难度大。

（5）接半出台球

接半出台球主要考验运动员的意识和胆量。其基本原则是能拉接，不要搓接；能挑接，不要搓撇。

在运用拉接技术时，重心略高、前移，手臂向球台抬高、靠近，主要使用前臂和手腕的突然向前发力，不要引拍过大且整个动作幅度不要过大，类似于小前冲。在这些环节中，最关键的是抬高重心。这种球相对于短球较长，有可能会出台。因此，在运用挑接时要给球一定的力量，击球时带有冲击力，这样才能克服来球的旋转，达到挑接的目的。

四、推挡球技术

推挡球技术是我国乒乓球直拍快攻打法的基本技术之一，在左推右攻打法中占有极其重要的地位。由于推挡站位近、落点多变、动作小、速度快并具有一定的力量，因此，在比赛中能调动和压制对方，为正手攻和侧身攻创造有利时机，还可以起到积极防守和转被动为主动的作用。

---

① 虞荣安. 新编乒乓球教程［M］. 西安：西北工业大学出版社，2011.

运用推挡技术时，站位通常会在球台左半台的 1/3 处，站位离台 40～50 cm。站立时两脚开立，比肩略宽，左脚稍前，右脚在后；也可采用两脚平行，上体略前倾，双膝微屈，使身体重心在两脚间的站立方式。握拍时拍面呈半横状，拍形近于垂直，食指用力，拇指放松，上臂与前臂的夹角约为 100°，上臂和肘部自然靠近身体右侧，肩部放松。

1. 推挡球的介绍

（1）平挡球

① 特点及应用

平挡球的特点是力量轻、球速慢、动作简单，掌握起来较为容易，初学者通过反复练习便可掌握该技术。通过反复练习平挡球可以熟悉球性，体会击球时的拍形变化，提高控球的能力。

② 动作要领

两脚平行站立或左脚稍前。身体离球台 40～50 cm。击球前，前臂与台面平行伸向来球。在上升期击球的中部，当拍触球时，前臂和手腕稍向前移动，借助对方来球的反弹力将球挡回，拍形与台面接近垂直。击球后，迅速收回球拍，还原成击球前的准备姿势。

（2）快推

① 特点及应用

快推的特点是出手快、变化线路多。它是学习其他推挡技术的基础。在对攻时可运用对推两大角或突袭对方空当，使对方应接不暇，使其直接失误或露出破绽，为自己创造抢攻条件。快推一般适用于对付推挡球、中等力量的突击球和旋转较弱的拉球。

② 动作要领

击球前，上臂和肘关节内收，自然靠近身体右侧，手臂自然弯曲并向外旋，拍面角度稍前倾，适当后退，将球拍引至身体前方。当来球跳至上升期时，前臂和手腕迅速迎前推出去。触球的瞬间手腕外旋配合手腕外展动作，食指用力，拇指放松，使拍面稍前倾击球中上部。以前臂和手腕发力为主，随着球拍触球，拍面逐渐向前稍改向上辅助用力。

（3）加力推

① 特点及应用

加力推的特点是力量重、球速快、有落点变化。它能抑制对方的攻势，在比赛中常用加力推迫使对方离台而陷于被动防守的局面。加力推与减力挡配合运用，能有效控制对方，争取主动。加力推一般适用于对付速度慢、旋转较弱的上旋球或力量较轻的攻球及推挡球。

② 动作要领

击球前上臂后收，前臂提起，肘关节贴近身体，手臂自然弯曲并做外旋，拍面角度略微前倾。当来球跳至上升后期或高点期时，上臂、前臂和手腕加速向前下方推压，同时运用腰、髋向左转动加大手腕发力，用中指顶住拍背向前用力，击球中上部。

（4）减力挡

① 特点及应用

减力挡的特点是回球弧线低、力量轻、落点短。在进行对攻时，多在加力推迫使对方离台或对方回球力量不大时使用。采用减力挡可以调动对方前后奔跑，取得主动权。加力推和减力挡的结合使用是应对中台两面拉弧球打法的有效战术。

② 动作要领

手臂外旋，拍面稍前倾，身体重心略升高，不用撤臂引拍，前臂略收使拍面抬高，放置身前即可。当来球刚刚弹起时，手臂向前移动触球中上部，整个动作用力很小，主要是借力回击，拍触球一瞬间手臂和手腕稍向后收，以缓冲球撞击拍的力量。

（5）推挤

① 特点及应用

推挤的特点是回球带左侧下旋，弧线低、斜线角度大。在对攻争夺中，它能主动改变旋转性能和落点角度，增大对方回球的难度，为自己创造反

攻的机会。推挤的角度大、落点低、球速慢，可以与加力推挡相结合，发挥更好的作用。由于它的触球部位是来球的弱旋转区，因此，是对付弧圈球的一种有效办法。

② 动作要领

手臂自然弯曲并做外旋，上臂和肘关节略向后引，前臂上提，将球拍引至身体前方较高处。击球上升期，拍面稍前倾触球左侧中上部，向左前下方用力推挤，同时腰、髋向左转动配合发力。要变直线时手腕内屈，拍面朝直线方向，触球的右侧中上部，向前发力。

（6）下旋推挡

① 特点及应用

下旋推挡的特点是落点长，回球下旋、弧线较低，球落台后向前滑。在对攻时，可使用下旋推挡改变球的旋转性能，将球变为下旋，造成对方直接下网或不适应而陷于被动。但下旋推挡很难充分发力，用来对付上旋较强的球相对困难，因此，只能作为辅助技术使用。

② 动作要领

手臂微内旋，拍面角度稍后仰。前臂上提，将球拍引至身体前方。当来球跳至高点时，击球中下部，向前下方用力推切，触球瞬间拍形保持相对固定。在击球时可以前臂发力为主，增大球的下旋。

2. 推挡球的训练

第一，做徒手挡球、推挡球的模仿动作，体会其中动作要领。

第二，两人上球台对练平挡球，不限落点，但基本要控制在半个球台内。

第三，先练习挡直线球，再练习挡左斜线球，逐渐加快击球速度。

第四，两人轮换练习加力推挡球。一人加力推挡，另一人平挡。

第五，一点推对方两点（一直一斜）。

3. 推挡球技术常见问题与纠正

推挡球时易犯错误与纠正方法如表 3-2-1 所示。

表 3-2-1 易犯错误与纠正方法

易犯错误	现象	纠正方法
手腕握拍过紧或过松	过紧时动作僵硬，过松时影响发力	手腕握拍过紧，注意拇指、手腕及手臂放松；手腕握拍过松，注意虎口紧贴住拍柄
推挡时，拍形前倾过大	球不过网	掌握正确的击球时间，球拍触球时减少前倾角度
推挡时，击球时间过晚	击球过高	球拍在上升期触球，拍面适当前倾
快推时，肘关节远离身体	动作不协调	反复挥拍，强化正确动作
推挡时，手臂前送不够	击球力量小	发力时，肘关节向前用力
挡球时，判断球的落点不准，拍形掌握不好	击球下网或出界	提高判断能力、手腕的灵活性和调节拍形的能力
快推时，拍形后仰，向下切击球	回球下旋，球下网或出界	肩放松，引拍低于击球点，发力时拇指放松，拍面适当前倾
推挡时，手腕太活，拍面角度不稳定	击球易下网	球拍触球时，手腕紧张一点，固定好拍形，体会发力基本通过球心的感觉

五、拨、攻球技术

1. 拨球技术

（1）横板反手拨球的特点

在横板反手拨球时，握拍时球拍延伸距离长，因此，左右可以顾及的范围较大；当反手进攻时，拍形固定且不受身体阻挡，发力较为容易。但是，由于横板反手拨球的拍形较为固定，手腕灵活度不高，导致还击台内短球难度增大。

（2）横板反手拨球的动作要领

击球前将球拍置于腹部，对准来球方向，球拍稍向前倾。以肘关节为轴，前臂向前发力，在球上升期击打球，附带摩擦将球击出，此时前臂转为垂直于底线。横板反手拨球以前臂发力为主，击球时手腕尽量不动。

（3）横板反手拨球的练习方法

第一，持球拍做徒手拨球模仿动作，体会动作要领。

第二，两人上球台对练拨球，落点不限，但要在半个球台内。

第三，一人加力拨，另一人不发力。两人轮换练习加力拨球。

第四，一点拨对方两点（一直一斜）。

第五，先练习拨直线球，后练习挡左斜线球，逐渐加快击球速度。

2. 攻球技术

攻球技术是乒乓球运动中最重要的基本技术，是比赛中获取主动权和得分的主要手段，主要分为正手攻球、反手攻球和侧身攻球三大类。每种攻球技术的特点不同，其作用也不相同。下面主要以正手攻球为例介绍攻球技术。正手攻球分为正手快点、正手快拉、正手快攻、正手快带、正手突击、正手扣杀、正手中远台攻球、正手杀高球等，掌握正手攻球技术是学习弧圆球技术的基础。

（1）正手快点

① 正手快点简述

正手快点是乒乓球运动中应对近网短球的重要技术，其特点是站位近台、动作小、线路活、主动性强，利于对付近网短球。它用于还击正手位的发球、推挡球和一般的上旋球等。它通过线路、落点变化，近网相持，调动对方，争取主动权，进行扣杀。

② 动作要点

站位靠于球台，当来球在右方时，上体、右脚和前臂同时到达球台右前方，上身贴近球台，前臂同时伸进台内，以利于在球的高点期击球。当来球在中路或左方时左脚上步，上体前倾，小臂带动大臂伸进球台迎球。

当来球下旋较强时，球拍触球时拍面略微后仰，击打球的中下部，利用手腕向前上转动球拍，制造回击弧线；回接上旋球和不转球时，拍面略前倾，触球的中上部，用前臂和手腕向前发力将球击出。

③ 易犯错误与纠正方法

易犯错误一：由于初学者在站位时容易平行站位或前后站位，外加他们无法自我调节和控制拍面角度，因此，攻球时容易导致球出左边线。

纠正方法：当右手握拍时左脚偏前站立，反之亦然。

易犯错误二：横握拍手腕内旋容易导致拍头朝上、拍面向前；直握拍手腕内收容易导致拍面向右斜。这两种拍形均较为容易造成掉球、漏球、无意滑板和不规则球。

纠正方法：横握拍时，不要晃动手腕，否则会导致拍头朝上，拍面向前；直握拍时，不要将手腕内收、勾腕，否则会导致拍面斜向右侧。

易犯错误三：动作僵硬，攻球时只是肩关节在活动，大、小臂夹死。动作缓慢，爆发力差，且在短时间内会消耗大量的体力。

纠正方法：注意大、小臂放松，在攻球时主要发力区域为肘关节，小臂离身体一拳左右。同时需要注意对爆发力和节奏的控制。

易犯错误四：抬肘极易造成拍面朝下，使攻球下网，从而影响之后学习拉下旋球技术。

纠正方法：在练习时，时刻注意不要抬肘，要养成正确的习惯。

易犯错误五：在攻球前，手腕下摆并内勾；在击球时，有明显的外展动作。虽然从物理学上讲这样可以增加力矩，但实际上减弱了攻球的稳定性。

纠正方法：正手攻球时，手腕要相对固定，不能随意摆动。

（2）正手快拉

① 正手快拉简述

正手快拉的特点是动作小、手较快、线路活，运动员的站位稍离台。主要作为对付下旋发球、搓球和削球的过渡技术，抓住主动权，为扣杀创造条件，因此又称拉攻。

② 动作要点

站位近台，手臂放松，上臂置于身体右前方，前臂略微下沉，将球拍引至身体右后下方，略低于来球。当球跳至高点期或在下降前期时，上臂带动前臂加速朝左前上方挥动迎球，同时转动球拍摩擦球，以便制造弧线。

一般情况下，来球下旋强，拍面稍后仰，击球中下部；来球下旋弱，

拍面垂直，击球中下部。

击球后身体立即放松还原，为判断下一板来球做好准备工作。

（3）正手快攻

① 正手快攻简述

正手快攻是对攻中的一种常用技术，其特点是站位近、动作小、球速快。在正手快攻时主要是借助来球的反弹变化调动和控制对方，不仅可以创造如扣杀这样的进攻机会，有时也能直接得分。正手快攻是中国传统近台快攻打法的一项主要技术，也是正手攻球技术里使用频率最高的技术。

② 动作要点

站位近台，身体略前倾，右脚后退便于发力，前臂与地面平行。

前臂挥动要快，腰发力带动大臂，小臂随大臂出，来球跳起至最高点时触球中上部，以向前发力为主将球击出，用力大小根据来球距网远近和离网高度加以调节，一般用60%～80%的力量。

快攻时，可通过手腕调节拍面朝向，改变击球部位，控制球的落点。球拍触球中右部，转动手腕，可打出斜线球；球拍以触球中部为主，向前向下击球，可打出直线球。

球击出后，快速还原，放松前臂，为下一板击球做准备。

③ 易犯错误与纠正方法

易犯错误一：身体动作不协调，无重心交换或重心交换不明确。

纠正方法：加强对腰腹肌力量的练习和身体协调性的练习，提高肌肉力量和控制能力。通过移动重心和不移动重心来感受击球时的不同，并经过练习掌握重心交换击球的方法。

易犯错误二：手臂后甩动作过大，球拍下放幅度过大，有拉球的现象。

纠正方法：正手攻球时，在右侧身后设置标杆，限制向下或向后的动作，保证动作的正确性。

易犯错误三：击球落点杂乱，弧线不明显或太低，力量控制不稳，常出现下台和下网现象。

纠正方法：手持球拍，做原地向上连续快速击球练习，体会球与球拍接触时的感觉和力量变化；通过对墙快速击球练习，感受球反弹后的力量、方向和旋转，提高手对球拍的控制能力，更好地回击各种来球。

易犯错误四：正手攻球手腕下垂，过于放松，肌肉没有紧张感，手与前臂不能保持在一条直线上，球拍拍头向下垂，此时击球稳定性差，经常会出现漏球现象。

纠正方法：在做徒手快攻练习时，手腕立直，固定好手与前臂，养成正确的动作习惯。

（4）正手快带

① 正手快带简述

正手快带的特点是出手快、弧线低、落点变化多。它主要用于对付弧圈球，降低来球质量，是过渡性攻击战术，能变被动或相持为主动。

② 动作要点

左脚略靠近台前，上臂靠近身体。手臂自然弯曲做内旋，使拍面前倾。

当来球跳至上升期时，手臂、手腕向左前方迎球，同时腰、髋向左转动。拍面前倾并高于来球，利用腰、髋的转动力量击球中上部，击打中带前摩擦的成分，整个过程手腕保持相对稳定。

③ 需要注意的事项

站位不要离球台过远，引拍动作也不宜过大，否则会错过最佳的击球时机。

手腕必须保持相对稳定，否则易造成拍形不固定，难以控制来球的旋转。

正手快带只能作为过渡，主要是为进攻争取机会。因此，不宜过度使用快带，否则易导致被动。

（5）正手突击

① 正手突击简述

正手突击，也叫低球起板，具有速度快、突然性强、有一定力量的特

点。正手突击是对付下旋球的一种主攻技术。

② 动作要点

根据来球高低和下旋的强弱，决定拍形和发力方向。当来球下旋强时，拍形稍后仰，触球中下部，并向上用力摩擦球；当来球下旋弱时，拍形垂直，触球中部，向前上方用力击球；当来球不转时，拍形可稍前倾，触球中部略偏上，向前方用力击球。

当球跳至高点期或上升后期时，在腿、腰和大臂发力的带动下，前臂发力击打来球。触球瞬间一定要有爆发力且要有摩擦球的动作，帮助制造弧线。

发力一般控制在 50%～70%，可根据来球的下旋力量适当调整击球力量。

③ 易犯错误与纠正方法

易犯错误一：手腕硬、动作直，触球瞬间没有摩擦球的动作，使击球弧线过直，易吃转。

纠正方法：认识摩擦球的重要性后，做徒手动作练习，通过练习了解自己的偏差之处，边练球边纠正错误动作。

易犯错误二：发力过大、使劲重扣，导致失误频出。

纠正方法：突击的技术只能用中等力量，切不可用力过大，在练习中掌握迎球力度。

易犯错误三：忽视来球旋转变化和高低不同，都用同一动作击球，导致失误频出。

纠正方法：练习不同旋转和高度来球的迎球方式，提高判断能力，提高突击动作的应变能力。

（6）正手扣杀

① 正手扣杀简述

正手扣杀具有动作幅度较大、力量重、球速快的特点。它通常在运动员通过其他技术取得主动和优势之后，当对方回接出半高球时使用，是比赛得分的重要手段之一。

② 动作要点

左脚稍前，站立位置根据来球长短而定。手臂自然弯曲并做内旋，使拍面略向前倾。身体跟随腰、髋转动，将整个手臂后拉，并将球拍引至身体右后方，便于加速、发力。

当来球跳至高点期时，借腰、髋的左转及腿部蹬力，带动手臂向前迎球，手臂加速的同时向左前下方发力，拍面前倾击球中上部，除近网球外，击球略带摩擦。当来球不转或带上旋时，球拍位置应略高于来球。

③ 需要注意的事项

在运用扣杀技术时，注意腰、髋和腿的配合，因为仅靠手臂发力不仅力度有限，而且动作不稳定。

触球前各部分肌肉必须充分放松，这样击球时的爆发力才有保证。

（7）正手中远台攻球

① 正手中远台攻球简述

正手中远台攻球是运动员在中远台对攻时常用的一项技术。其特点是攻球的力量重，进攻性较强。由于正手中远台攻球需要运动员站在距球约1.5 m的地方，站位较远，步法移动范围较大，因此，比赛中远台攻球既可为扣杀寻找机会，也可以直接得分。

② 动作要点

左脚稍前，身体离台 1 m 左右。手臂自然弯曲做内旋，使拍面接近垂直，随着腰、髋向右转动，手臂向后移动，将球拍引至身体右后方。

当来球跳至下降前期时，上臂带动前臂同时加速向左前上方挥动，腰、髋向左转动配合发力，拍面垂直，击球中部并向上摩擦。

击球后手臂继续向前上方随势挥动，并迅速还原成击球前的准备姿势。

③ 需要注意的事项

动作过程中身体重心从右脚移至左脚，发力部位以上臂、前臂为主，腰、髋配合。

（8）正手杀高球

① 正手杀高球简述

正手杀高球具有动作大、力量重的特点。它主要用于对付高度在肩以上的来球，通常能够直接得分。

② 动作要点

左脚在前，身体稍向后倾。手臂做内旋使拍面前倾，整个手臂随着腰、髋向右转动，将拍引向身体右后方，以增大球拍与来球的距离，最大限度地发挥击球力量。

右脚蹬地的同时转换重心，腰、髋向左转动，整个手臂先向前上方挥摆，身体重心逐渐上升后开始向左脚转移，随后手臂加速向左前下方挥动，击打球中上部。

③ 需要注意的事项

杀高球分为两种：第一种，在来球从高点稍下降后出手击球，此时击球较为稳健，能够集中全身之力；第二种，在来球刚跳起时的上升期触球，即快杀，突然改变的击球节奏常使对方措手不及，但这种方式容易削弱击球力量。

当来球很高时，不宜在球跳至最高点时击球，以免影响力量的施展和击球的命中率。

前臂不要沉得过低，避免压不住来球，导致出界。

六、弧圈球技术

弧圈球是一种将力量、速度和旋转结合为一体的进攻性技术，是比赛中的主要得分手段，其发展速度非常快，特别是欧洲选手运用的正反手两面拉弧圈球力争主动，快冲突破，低拉高打，进一步提高了弧圈球在比赛中的作用[①]。弧圈球技术的出现和发展也促进了快攻打法、削球打法等其他

① 虞荣安. 新编乒乓球教程［M］. 西安：西北工业大学出版社，2011.

打法的变化和发展。

弧圈球技术可分为正手弧圈球和反手弧圈球，根据弧圈球技术的旋转特征又可分为加转弧圈球、前冲弧圈球和侧旋弧圈球。

1. 弧圈球技术一：加转弧圈球

（1）加转弧圈球简述

加转弧圈球具有飞行弧线较高、球速较慢、上旋力强的特点，是一种攻击力强、威力大的进攻技术，球着台后下落速度较快，击出球弧线较高，是对付下旋球的有效技术[①]。在相持状态下，来球的弧线弯曲度一般较大，当落到对方台面后会迅速下滑，因而加转弧圈球还可以改变击球节奏。

（2）动作要点

① 正手拉加转弧圈球

两腿张开，与肩同宽，身体略向前倾，重心放在前脚掌。拉球时，身体向右转，重心放在右脚上。用腰控制大臂，右肩稍低，小臂自然下垂，用手腕控制拍形，拍触球时拍面稍前倾。

向左蹬腿，身体重心从右脚转换到左脚，身体朝来球方向前迎。

在来球下降初期，用腰带动大臂转动，将力传递到前臂，收缩前臂，击球的中部或中上部。

击球后，重心移至左脚，并迅速还原为开始姿势，为下一次接球做准备。

② 反手拉加转弧圈球

右脚稍前，两脚分开比肩宽，两膝微屈。右肩下沉，将拍引至腹前下方，肘关节稍向前顶出，手腕内旋，拍面略前倾。

当来球跳至高点期或下降初期时，用力摩擦球的中上部，腰、髋带动上臂、前臂由后向前挥动，击球瞬间向前上方发力。同时，右脚掌内侧用

① 虞荣安. 新编乒乓球教程［M］. 西安：西北工业大学出版社，2011.

力蹬地，引拍时前臂要迅速旋内收缩，重心由右脚转向左脚。击球后，迅速还原为最初姿态，为下一次击球做准备。

2. 弧圈球技术二：前冲弧圈球

（1）前冲弧圈球简述

前冲弧圈球的特点是出手快、上旋强烈、弧线低、球速快、冲击力大，能够起到扣杀作用。它是一种将力量和旋转巧妙结合的进攻性技术，主要运用于搓、削、中等力量攻球、接发球及半高球。

（2）动作要点

① 正手拉前冲弧圈球

左脚稍前，身体重心提高。向右后方引拍时腰向右转动，重心移至右脚。在来球到达上升后期或高点期时摩擦球的中上部。由右向左转腰带动上臂、前臂、手腕，由后向左前上方发力击打来球，拍面前倾角度比拉加转大些，发力时中指可在拍后顶一下，加强对球拍的支撑力。

② 反手拉前冲弧圈球

两脚平行或右脚略前，两膝微屈，重心在两脚间。上身稍向左转动，右肩下沉，将拍引至大腿内侧，肘关节稍顶出，手腕内旋。击球时拍面稍前倾，以肘关节为轴前臂快速向前上方发力。在来球的高点期摩擦球的中上部，同时两腿向上蹬伸，身体略向前上方顶以帮助发力。发力方向稍偏左前方。

（3）易犯错误与纠正方法

易犯错误一：在引拍过程中，肘关节的夹角没有打开，单靠拉肘向后引拍，影响拉球发力。

纠正方法：在引拍过程中，将肘关节处的夹角打开。在训练中有意识地把前臂放下来，使其自然弯曲，配合脚部的转动和重心移动进行引拍。

易犯错误二：击球前，腰部向后转动过大，导致错过击球时机。

纠正方法：在练习时，腰部向后转动不要过大，只需转至击球距离 1 m

处即可。

易犯错误三：击球时，球拍过于前倾，摩擦球过薄，导致拉球的力量减小，准确性降低，容易打在拍边或漏接。

纠正方法：在练习时，注意手腕向内向前转动，加入一定摩擦，才可拉出高质量的弧圈球。

易犯错误四：肩部过于紧张，动作僵硬。

纠正方法：做完拉球动作后，肩部迅速放松，能够提高拉后扣杀的命中率。

3. 弧圈球技术三：侧旋弧圈球

（1）侧旋弧圈球简述

侧旋弧圈球的飞行弧线一般比前冲弧圈球略高，但比加转弧圈球低，并带有强烈的侧上旋，向对方的右侧偏拐，落台后急速向侧下滑落。当自己的击球位置不适合发力拉、冲时，它可以加大拉球的角度，增加对方的跑动范围和回球难度，变被动为主动。

（2）动作要点

右脚向前，腰向右转动，重心在右脚上，将球拍引至身体的右侧后方，拍头略微下垂。击球时右脚蹬地，腰向左转，上臂带动前臂快速挥动，挥拍路线是由后下先向侧外再向内上兜球，使球拍划一个横向的半弧形。触球部位多为右侧中部位置向左侧上部摩擦球，引拍位置略低于拉前冲弧圈，手腕要放松，击球后上身要随势向内扭转以加大侧旋力量。

（3）易犯错误与纠正方法

易犯错误一：挥拍路线不对，只是单纯向侧拉，无兜球动作，摩擦球时间短，无法用力击球。

纠正方法：多向身体后方引拍，保证挥拍向侧方的可能性。

易犯错误二：手腕不够放松，击球时难以发挥手腕的加速作用。

纠正方法：拉球的右侧时，球拍必须向内扣，否则无法拉出侧旋弧圈球。

易犯错误三：击球点离身体过远，无法出力，无法拉出侧旋。

纠正方法：加大向身体后方引拍的幅度，当有了足够的挥拍距离后，将击球点向身体近侧调整。

七、搓球技术

搓球是近台还击下旋球的一种基本技术，一般用在左半台。它的技术特点是动作幅度不大、出手较快、弧线较低，旋转与落点变化比较丰富。它可与攻球结合形成搓攻技术，是初学者必须掌握的基本技术。根据球的速度、落点、旋转的不同，搓球可分为快搓、慢搓、搓转与不转等。

1. 搓球技术一：快搓

（1）快搓简述

快搓的特点主要有击球动作幅度小、球速快、落点活、弧线低。它常以对方来球的冲击力进行回击，常用于接发球或接削过来的近网下旋球，缩短对方击球的时间，牵制对方的攻势，为抢攻创造机会。

（2）动作要点

① 正手快搓：站位近台，身体重心前移，拍面稍后仰，前臂前伸迎球。当来球跳至上升期时击球中下部，借对方来球的冲力，用力向前下方挥动。

② 反手快搓：站位近台，身体重心前移，手臂自然弯曲，手腕适当放松，球拍向后引至腹前。击球时，拍面后仰，在来球上升时击球中下部，借对方来球的冲力，向前下方用力。

（3）易犯错误与纠正方法

易犯错误一：球拍无上引动作，击球时前臂由上向下动作不明显。

纠正方法：反复练习前臂和手腕上引后向下切的挥拍动作。

易犯错误二：击球时，拍面后仰不够。

纠正方法：用慢搓回接对方发来的下旋球，练习拍面后仰动作。

易犯错误三：击球时，球拍与球接触的部位不准，没有击到球的中

下部。

纠正方法：进行对搓练习，体会拍面在下降期击球中下部的动作。

2. 搓球技术二：慢搓

（1）慢搓简述

慢搓的特点是速度慢、动作小、弧线低、落点活、旋转变化多。由于回球慢，因此有利于增大搓球的旋转。

（2）动作要点

① 正手慢搓

站位靠近球台，右脚稍前，手臂自然弯曲，手腕外旋，拍面朝右上方。当来球到达高点期或下降前期时用球拍的下半部摩擦球的中下部，在前臂加速向前下方用力时手腕内旋配合用力。

② 反手慢搓

站位与正手慢搓相同，前臂和手腕内旋，将球拍引至腹前上方，拍面后仰，在来球下降前期用球拍的下半部摩擦球的中下部，在前臂加速向前下方用力的同时手腕外展配合用力。

（3）易犯错误

易犯的错误主要有：第一，拍形错误。拍形后仰过度，摩擦太薄，容易导致球在拍上打滑；拍形垂直，容易导致搓球下网。第二，搓球时机错误，不是在球的下降前期搓球。第三，搓球部位错误，不是搓球的后中下部。第四，球拍后仰，直接把球往上托起来。第五，不引拍搓球。搓球时不向后上引拍，没有用力距离。第六，直线搓球。搓球时直上直下，导致球下网。第七，搓侧旋。搓球时向右侧挥臂用力或向右侧上翻腕。第八，不判断来球旋转强度搓球。由于强度、拍形不同，用力方向也会不一样，盲目搓球容易导致击球失误。第九，手腕固定太死，不能发挥手腕最后加速用力的作用。第十，重心不动或重心太高。重心不动，导致上、下动作脱节，不能发挥下肢和身体的力量；重心太高，搓球不到位，易引起失误。

第十一，脚不移动，降低搓球的准确性。

（4）纠正方法

① 讲解、示范法

强调动作要领。第一，准备与引拍。右脚稍前，重心稍后。引拍至左肩处，拍面后仰，直拍时手腕内屈，横拍时手腕外展。第二，挥臂击球。由左上向右前下弧形挥臂，当球到达下降前期时，小臂、手腕用力击球的后中下部，同时重心随之向前。第三，结束还原。击球后顺势向右侧前挥臂，之后还原成准备姿势。同时，要多次练习，加强动作熟练度。

② 表象法

对镜挥拍练习。观看图片、视频，并做观看笔记。

③ 限制法

标记限制：在墙上画一条搓球弧线，练习者右侧靠墙半步远站立，顺线挥拍，纠正向右侧拉的附加动作。

物体限制：把乒乓球台右边靠墙或接近墙体，练习者靠右边线搓球，纠正向右侧拉的附加动作。

限制高度：在球网上加一条横线，令搓球必须从网上与线下之间通过。纠正搓球太高和拍形角度不好的错误。

④ 变换法

通过调节球网的高低，纠正拍形错误、击球时机、击球部位、用力方向等问题。通过连续搓球，纠正动作不连贯、不协调等方面的错误。

3. 搓球技术三：搓转与不转

（1）搓转与不转简述

在对搓中，将旋转变化与落点变化相结合可以获得更多的进攻机会，能变被动为主动。一旦作用力通过球心则球不转，但在现实中很少出现球不转的现象。该技术与其他搓球技术结合使用，是组成搓攻战术的主要技术，也是各种类型打法选手争取主动的过渡手段。

（2）动作要点

搓加转球与不转球主要取决于作用力线是接近球心还是远离球心。不转球是指在搓球时缩短击球距离，减小拍面后仰角度，用球拍的上半部或中部碰撞球，击球的作用力线接近球心。加转球是指在搓球时加大引拍距离和拍面后仰角度，前臂、手腕加速用力向前下方切球，用球拍的下半部摩擦球，此时的摩擦略薄，击球的作用力线远离球心。

（3）易犯错误与纠正方法

易犯错误一：引拍不够，导致击球时前臂由上向下的动作不明显。

纠正方法：持拍练习前臂和手腕向上再向下做切的动作，形成动作习惯。

易犯错误二：击球点离身体过远，重心偏后，击球部位不准。

纠正方法：提高对来球的落点和反弹路线的判断能力，找出合适的触拍部位。

易犯错误三：击球时拍面后仰不够。

纠正方法：在下降期搓对方发来的下旋球，体会拍面后仰前送动作。

八、削球技术

削球是一种积极防御的技术。它具有稳定性好、冒险性小的特点。削球的击球动作舒展大方，击球时间较晚，运行弧线较长。削球时对方不易发力进攻，通过旋转和落点的变化，可调动对方，迫使对方失误，同时配合反攻得分。

1. 削球技术一：正手近台削球

（1）正手近台削球简述。

正手近台削球的动作幅度小、击球点高、节奏和球速快、线路和落点变化多，有利于近削逼角，迫使对方左右移动，回击困难，从而伺机反攻。该技术主要在对方拉球力量不大，球旋转不强时使用。

（2）动作要点。

第一，站位离台约 1 m，左脚在前，重心放在右脚，身体稍微右转。

第二，击球前，手臂自然弯曲，前臂略向右上方提起并外旋，引拍至身体右上方，拍面稍后仰，同时右脚向右上一步。

第三，击球时，前臂和手腕向左前下方迅速挥拍迎球，击来球高点期或下降前期。

第四，触球时，触球中部偏下，击球瞬间大臂带动前臂和手腕协调用力，向左前下方摩擦切削击球。

第五，击球后，手臂顺势挥动并放松，用跳步迅速还原，准备击下一板球。

2. 削球技术二：正手远台削球

（1）正手远台削球简述

正手远台削球的动作较大，击球点较低，球速较慢，飞行弧线低而长，比较稳健。可运用旋转变化控制对方，通常在接弧圈球时使用。

（2）动作要点

第一，站位离台约 1 m，左脚稍前，重心偏右脚，身体向右稍转。

第二，击球前，上臂外展，前臂略提起并外旋，引拍至身体右上方，拍形稍后仰，同时右脚向右上一步。

第三，击球时，前臂带动手腕向左前下方迅速挥拍迎球并外旋，在来球的下降后期击球。

第四，触球时，触球的中下部，击球瞬间身体和手臂同时协调用力，向左前下方摩擦球。

第五，击球后，手臂顺势挥动并放松，用跳步还原，准备击下一板球。

3. 削球技术三：反手近台削球

（1）反手近台削球简述

反手近台削球的特点同正手近台削球，即动作幅度小、击球点高、节奏和球速快、线路和落点变化多，有利于近削逼角，迫使对方左右移动，回击困难，从而伺机反攻。该方式主要在对方拉球力量不大，球旋转不强时使用。

（2）动作要点

第一，站位离台约 1 m，右脚在前，身体略向左转。第二，击球前，前臂略提起并内旋，引拍至左上方约与肩平，拍面稍后仰。第三，触球时，击球中部或中下部，击球瞬间以前臂和手腕发力为主，向右前下方摩擦切削击球。第四，击球后，手臂顺势挥动并放松，用跳步迅速还原，准备击下一板球。

4. 削球技术四：反手远台削球

（1）反手远台削球简述

反手远台削球的特点同正手远台削球，即动作较大，击球点较低，球速较慢，飞行弧线低而长，比较稳健。可运用旋转变化控制对方，通常在接弧圈球时使用。

（2）动作要点

第一，站位离台约 1 m，右脚在前，左脚稍后，身体略向左转。第二，击球前，前臂略提起并内旋，引拍至身体左后上方与肩同高，拍形后仰。第三，击球时，上臂带动前臂向右前下方挥拍迎球，在来球的下降期击球。

5. 削球技术五：扑接近网短球

（1）扑接近网短球简述

扑接近网短球的关键在于警惕性高，判断准确，反应快，步法移动灵活。一般是在对方猛攻之后，或削球的落点接近球网时，对对方放短球。例如，在扑接近网短球时，能够控制好回球落点，或能够进行反攻则更好。通常可由被动变为主动，甚至能直接得分。

（2）动作要点

第一，在扑接近网短球时，首先应根据站位离球台的远近调整回接位置。第二，回接近网短球时，常用以短制短的方法，即用搓短球和控制落

点来压抑对方发动进攻。第三，在掌握用搓球回接近网短球的基础上，还要掌握用快拨、快点、快拉等打台内球的方法。

6. 削球技术六：削突击球

（1）削突击球简述

在对方进攻时，突然加力或突然袭击过来的球叫突击球，或叫低球突击，削球者称为“顶重板”。其特点是力量重、速度快、突发性强，对削者有较大的威胁性，它是削球中难度很大的技术，也是战胜对方的一项主要技术。大致有发球后突击、搓中突击、拉中突击、放短球后突击等。要接好突击球，必须判断准确，移动迅速，掌握好拍形和用力方向，整个削球动作要小而迅捷。

（2）动作要点

第一，站位。由于来球速度快、冲力大，可运用跳步迅速向后退选位。第二，击球前，身体转动和前臂向上提起引拍要快，拍面接近垂直。第三，击球时，手臂向下前快速挥拍迎球。在来球的下降期击球，触球的中部偏下，向前发力要快而短促。第四，触球时，击球瞬间整个动作应小、快，运用身体的转动和腰、膝的辅助用力。第五，击球后，手臂顺势挥动并放松，用跳步迅速还原，准备击下一板球。

7. 削球技术七：削中路追身球

（1）削中路追身球简述

这种球回接难度较大，因来球逼近身体，受到身体的妨碍而影响击球动作。因此，容易削出偏高球，造成对方攻击，或削球直接失误。要削好追身球，必须根据来球速度的快慢、力量的大小、落点的范围，运用不同的速度移动让位。

（2）动作要点

① 移步让位法

第一，单步让位反手削。来球在中路偏左的位置，或善于用反手削中路球者，采用此法。左脚向右后方撤半步或一步，腰带动身体略向左转，收腹。上臂靠近身体右侧，前臂上提引拍至胸高，拍形垂直。触球瞬间，前臂内旋，肘稍支出，前臂随身体重心向右下前方下切削出，压低弧线。

第二，单步让位正手削。来球在中路偏右的位置，或习惯用正手削中路球者，采用此法。

第三，换步让位反手削。右脚先向右移半步，左脚随之向右后方移半步或一步。腰带动身体略向左扭转，可腾出位置用反手削球。

第四，换步让位正手削。许多削攻打法选手采用此法，因为正手削球调节出的空间比反手大。

② 收腹含胸法

如来球速度极快、力量大，直冲中路，来不及移步让位，可采用此法。应迅速收腹、含胸、提踵，甚至双脚跳起，同时提拍上举，再向前下方用力切削。整个击球动作比较快，回球速度也较快。

8. 削球技术八：削加转弧圈球

（1）削加转弧圈球简述

因加转弧圈球上旋力强，第二弧线较低、下滑快，削球难度较大，易吃旋转反弹出界或削出高球。因此，击球时间要晚（应在下降后期），手臂向上提，拍形竖起，动作幅度较大，利用来球上旋反弹力和手臂向下压球力，压低弧线。

（2）动作要点

第一，应根据来球落点的远近和前冲力大小，迅速移动，选择合适的击球位置，一般离台约 1 m。

第二，击球前，手臂上提，向后上方引拍，幅度要稍大些，拍形垂直，保证球拍与击球点之间有足够的加速距离，以利于发力击球。

第三，击球时，协同身体重心的移动力量，上臂带动前臂向下用力大于向前用力。

9. 削球技术九：削前冲弧圈球

（1）削前冲弧圈球简述

因来球速度快、力量大、旋转强、弧线下沉快，故削接球难度大。要削好前冲弧圈球，除了要有快速的反应和判断，还必须有灵活的步法和较好的控球能力。如能控制好回球弧线，并配合落点变化，不仅可以有效地压制对方的进攻，而且会迅速变被动为主动。

（2）动作要点

第一，站位离台约 1 m，根据来球速度、前冲力的具体情况，迅速向后移位，一般运用单步或跳步进行移位。

第二，击球前，身体保持稳定，前臂迅速向上提起引拍（不要向后上引拍），拍形竖起略后仰。

第三，击球时，前臂发力要快、短促，并增加向前力量，手腕固定，由上往下前用力压球，抵消来球向上反弹力和控制回球弧线高度。重心转移要快。

第四，触球时，触球的中下部，击球瞬间身体转动，腰、髋、膝辅助向下用力。以前臂为主向前下用力，并借冲力和反弹力切削。

第五，击球后，手臂顺势挥动并放松，用跳步迅速还原，准备击下板球。

九、直拍横打技术

直拍横打是 20 世纪 90 年代我国对乒乓球运动的一项技术创新，是改变原有直拍单面覆盖正胶或反胶、单面击球的状况，而在另一面粘上反胶，使球拍正、反面都可以击球而出现的打法。在反手位用球拍反面回击各种来球，因此，也被称为“直拍反打”。

直拍横打技术已经逐步完善，其代表人物主要有刘国梁、马琳、王皓。该项技术是直拍的创新技术，常使欧洲高手猝不及防，显示了直拍横打技术创新的威力。

1. 直拍横打技术一：直拍反面快拨

（1）直拍反面快拨简述

直拍反面快拨具有适应范围广、速度快、力量强、回球角度刁等特点，能够照顾更宽的来球范围。把击球力量与手腕的抖动相结合后，回球力量会比推挡大，能击出更大角度的球。直拍反面快拨技术常用于相持情况，它与推挡相结合可以起到变化击球节奏的目的，是反手位进攻得分的辅助手段。

（2）动作要点

站位近台，两脚张立比肩宽，左脚稍前，持拍手臂自然弯曲，将拍引至腹前偏左位置，肘部略向前顶，手腕内收。当来球跳至上升期时，向右前方或右前上方挥拍击球的中上部，击球时拍形稍向前倾，利用拇指和中指发力。在击球后，手臂随势前送，迅速还原成准备姿势，为下一次击球做准备。

（3）易犯错误

第一，拍形错误。主要是手腕没有内屈、内旋，球拍的方向偏右，导致反打容易跳出右边线，或者前倾角度过大，球容易下网。第二，手腕、小臂僵硬。这会影响运动员对球的控制、调节及最后的发力。第三，选位移动不及时。直拍反打的击球范围相较正手要小，若到位不及时，会影响击球的正常发挥。第四，抬肘送肘的动作影响动作的发力，无法对对方造成出其不意的效果。第五，引拍位置错误。引拍偏左会影响击球后的方向。第六，挥臂没有弧线。处理与网齐高或低于球网的球时，一定要有弧线，否则球不易过网。

（4）纠正方法

① 讲解、示范法

站位、引拍：双脚平行或右脚在前站位，手腕内屈、内旋，拇指压拍，将拍引向身体左侧后。

挥臂、击球：在球的上升中期，内收肘关节，外摆小臂，伸腕、转腕，

向右侧前上挥臂发力，击球的后中上部，拍形略前倾，重心由后到前。

缓冲、还原：击球后随势向右侧前挥摆，随即还原球拍和重心。

② 变换法

直线反打练习可以纠正手腕不屈的错误。反手小范围移动反打练习可以纠正不移动打球的错误。直、斜线交替反打练习可以纠正手腕不能屈伸的错误。多球强化练习可以纠正击球时机、部位、身体不能协调用力的错误。增加网高练习可以纠正手腕不能上下摆动和挥臂没有弧线的错误。

2. 直拍横打技术二：直拍反面弹打

（1）直拍反面弹打简述

直拍反面弹打技术的特点主要是动作小、速度快、突然性强，常与反手推挡相结合使用。它是直拍运动员在相持中转为主动进攻的重要手段。

（2）动作要点

站位近台，两脚张开略微比肩宽，左脚稍前。上臂抬起，提高身体重心。肘关节稍前倾，前臂外旋，手腕稍内屈，拇指用力使拍形前倾。在来球跳至上升期或高点期时击球的中上部，击球要用力，以撞击为主，向前下方用力弹压。击球后，手臂随势前送的动作不宜过大。

第三节　乒乓球运动的握拍法、步法及接发球的教学

一、乒乓球运动的握拍法教学

（一）握拍法——直握法

1. 直握法一：直拍快攻握拍法

食指弯曲，用第二指节和拇指第一指节分别将球拍两肩压住，食指与拇指保持适当的距离，其他三指自然弯曲（图 3-3-1）。

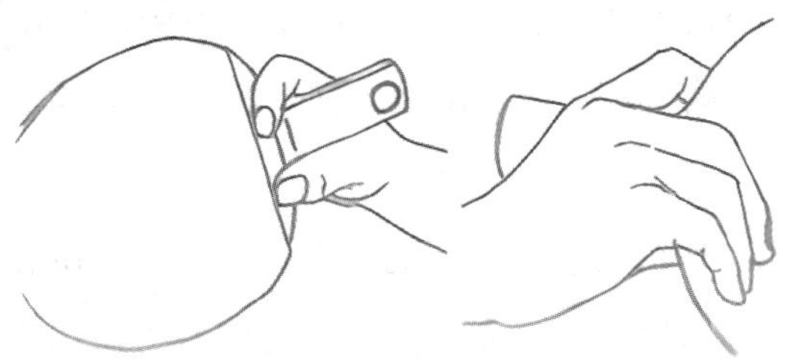

图 3-3-1　直拍快攻握拍法

2. 直握法二：直拍弧圈握拍法

以日式弧圈球握拍法为例。

拇指与拍柄左侧紧贴，食指将拍柄扣住。正手拉球时，伸直中指和无名指，以第一指节将球拍握住。反手推挡时，食指内扣得深一些，放松拇指（图 3-3-2）。

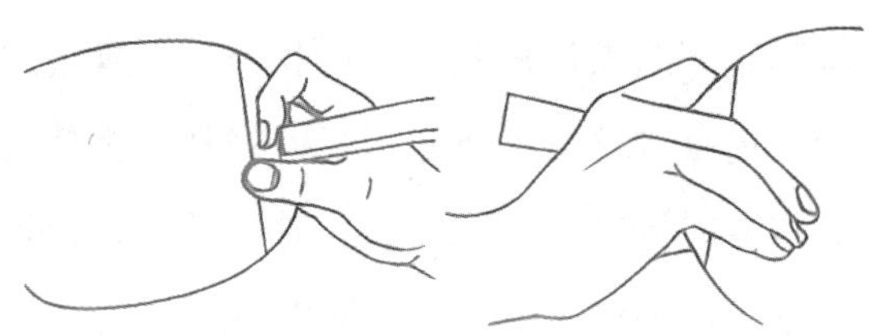

图 3-3-2　直拍弧圈握拍法

（二）握拍法——横握法

中指、无名指和小指将拍柄握住，拇指在球拍正面，食指在球拍反面，虎口与球拍轻贴。正手攻球时，食指压拍，与中指控制拍形，共同将击球力量传递出去，并利用食指制造弧线辅助发力（图 3-3-3）。

二、乒乓球运动的步法教学

（一）步法——单步

以一脚为轴，另一脚向不同方向移动，身体重心也随之移动，由移动

脚支撑重心（图 3-3-4）。一般在接近网球、接追身球时采用单步。

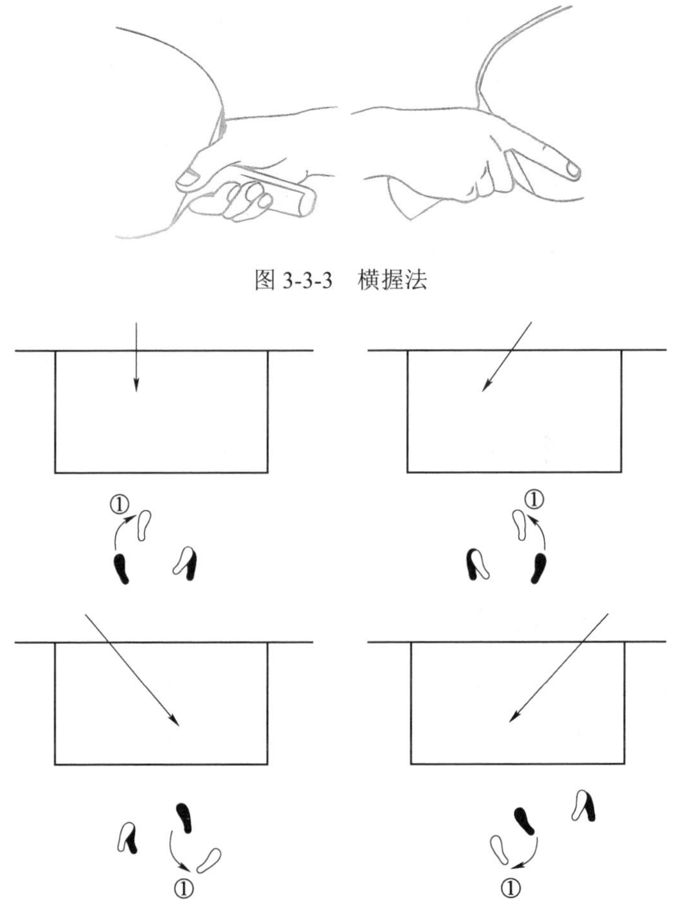

图 3-3-3　横握法

图 3-3-4　单步

（二）步法——跨步

一脚蹬地，另一脚向目标方向移动一大步，蹬地脚向相同方向移动半步，最终重心落在移动脚，如图 3-3-5 所示。

（三）步法——并步

并步又称滑步，一脚先向另一脚移动一小步，待脚落地后，另一脚立即向来球方向移一步，如图 3-3-6 所示。

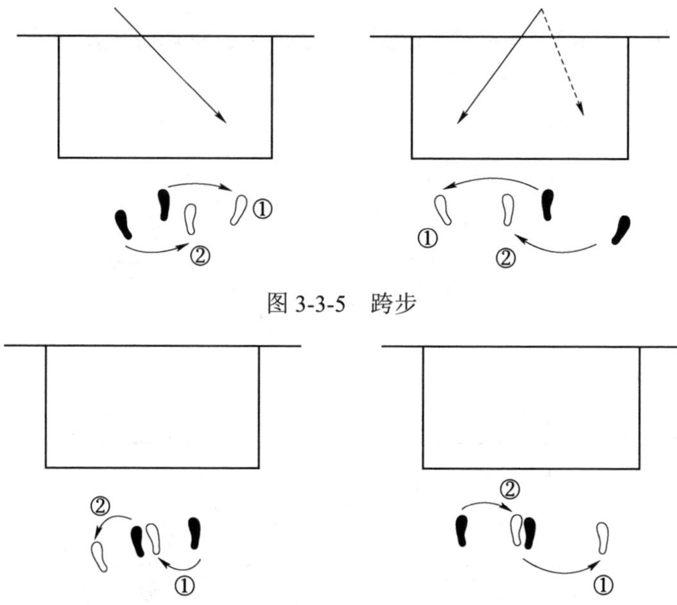

图 3-3-5　跨步

图 3-3-6　并步

（四）步法——交叉步

与来球方向相反的脚向另一脚交叉一步，落地后，另一脚立刻朝来球方向移动（图 3-3-7）。一般在削球中接短球、移动中拉削球时使用交叉步步法。

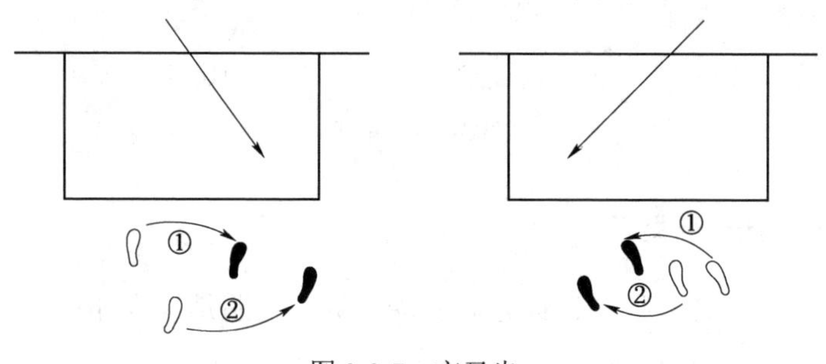

图 3-3-7　交叉步

（五）步法——跳步

与来球方向相反的脚用力蹬地，两脚同时跳向来球方向（图 3-3-8）。

一般在侧身攻球或拉球、削球中接突击球时使用跳步步法。

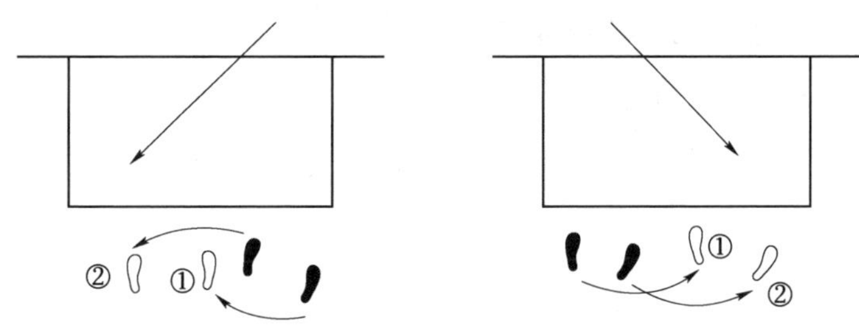

图 3-3-8　跳步

三、乒乓球运动的接发球技术教学

接发球的方式和效果直接受接发球判断的影响。对来球的旋转性质、强度、线路及落点进行判断时，需综合分析各方面的信息。

（一）判断来球的方向与落点

（1）根据发球者的发球站位选择本方站位。

（2）对发球者的引拍方向进行观察。

（3）对发球者摩擦球的方向进行观察，以便对球的旋转性质做出判断。

（4）对发球者挥臂动作幅度和用力情况进行观察，以便对球的旋转性能和落点进行判断。

（5）对来球的第一落点进行观察，以便对来球长短进行判断。

（6）以球的运行弧线为依据，对其旋转强弱进行判断。

（7）以手感对来球的旋转性能进行判断。

（二）接发球的不同方法

1. 接上旋球

以正反手攻球、推挡等方式回击，将球的中上部作为击球点，调整向前的力。

2. 接下旋长球

通过搓、削、提拉等方式回击。

3. 接右侧上（下）旋球

以攻球、推挡等方式回击，将球的偏左中上（中下）部位作为击球点。

4. 接左侧上（下）旋球

以攻球、推挡等方式回击，将球的偏右中上（中下）部位作为击球点。

5. 接转与不转球

如果还未来得及判断或判断得模糊，可轻轻托一板或撇一板，但要对弧线和落点进行重点观察。

6. 接高抛发球

如果球着台后拐弯程度大，注意提前向拐弯方向引拍。

7. 接近网短球

以快搓、快点、台内突击等方式回击，注意对手腕和前臂力量的运用。

8. 不同性能球拍发球的接法

了解不同性能球拍的发球特点，对不同球拍发来的球采用不同的接法。

第四章

乒乓球训练实践

本章主要介绍了乒乓球训练实践，包括四部分内容，分别是乒乓球训练的创新发展、乒乓球技术训练实践、乒乓球战术训练实践、乒乓球不同练习法在实践中的应用。

第一节　乒乓球训练的创新发展

一、乒乓球运动的训练原则

（一）系统性原则

从训练的最初阶段到达成一定的成绩，整个过程都是紧密相关、前后连贯的，这就是所谓的系统性原则。通常情况下，运动员只有经过多年的系统训练，才能取得优异的成绩。另外，训练中的各个环节、训练内容以及训练方式等都会对训练效果产生一定的影响，这些因素是彼此相关、相互影响和相互促进的。建立运动条件反射是学习和掌握运动技能的本质。如果训练间断，就会使已经建立起来的条件反射减退，只有不间断的、长期的训练，才能够保持这种条件反射的持续性。

（二）周期性原则

对于任何事物来说，周期性都是非常重要的普遍规律，乒乓球运动也不例外。运动员要想取得优异的成绩，就必须保证自己处于竞技的状态，而竞技状态的获得、保持和消失也是呈周期性的。人体机能就是一个周期性的循环往复过程。只有先通过复合训练，才能使能量物质被消耗，促使能量再生，这样的过程不断地循环进行着，成为人体机能提高的一个最简单的模式。

另外，在比赛中获得优异的成绩是运动训练的主要目的，因此比赛日程的安排就显得尤为重要。受季节周期的影响，我国的大型比赛一般在春季（4 月）和秋季（9 月、10 月）举行。世界比赛两年一届，一般在春季举行（3 月、4 月）。奥运会四年一届，一般在夏季举行。因此，应该以此为主要依据科学、合理地安排乒乓球训练和比赛的日程。

（三）适宜负荷原则

以运动员的现实可能和人体机能的训练适应规律为主要依据，为了达到提高运动员竞技能力和取得理想运动成绩的目的，在训练中给予相应量的负荷训练，就是所谓的适宜负荷原则。虽然说没有负荷就不会产生良好的训练效应，但是，有负荷也并不一定产生良好的训练效应。如果出现过度疲劳和伤病，不仅无法取得良好的训练效果，反而会对机体造成严重的伤害。

运动中的负荷要适宜，一般来说，要以不同选手、不同打法、不同训练时期的任务、身体状况等为主要依据，有针对性地进行选择和安排。另外，还要注意循序渐进、有节奏地增加运动负荷，直至最大限度。

（四）统一安排与单一对待原则结合

为了达到提高全队乒乓球训练水平的目的，针对全队共同需要解决的问题，规定统一的时间，按统一的方法、步骤进行训练的原则，就是所谓的统一安排原则。而单一对待原则，是依据个人具体情况的不同，在训练内容、方法、步骤、手段以及要求上进行区别的原则。在训练过程中，教练员要注意以训练期、本队的训练水平、个人的技术、身体素质情况等方面的差异为主要依据，将统一安排与单一对待原则有机地结合起来，灵活

地加以运用。只有这样，才能够取得较为理想的训练与比赛成绩。

（五）全面与特长结合原则

从现代乒乓球技术发展来看，运动员既要对同类型打法的全面技术进行熟练掌握，又要形成自己的特长技术，只有这样，才能够取得较为理想的成绩。

要做到技术全面，运动员在技术上必须没有明显的漏洞，并且能够根据实际需要将所掌握的技术进行灵活的运用。需要强调的是，技术全面的要求是随着形势的变化和发展而有所变化的。所谓的特长技术，就是运动员竞技能力总体结构中发展水平最高的局部技术。特长技术往往能在水平相当的比赛中成为克敌制胜的重要手段。因此，要想取得更加理想的成绩，必须在技术全面发展的基础上，发展自己的特长技术，并将二者紧密地结合起来。

（六）适宜身体训练原则

一般身体训练和专项身体训练是身体训练的两个部分。其中，一般身体训练使运动员身体及各种素质得到全面发展，是专项身体训练的基础；专项身体训练的主要目的则是直接有效地提高技术水平所必需的专项素质，是一般身体训练的目的。因此，要想取得理想的训练效果，就必须将两者紧密地结合起来，相互促进，否则难以取得优异的成绩。另外，需要注意的是，要以不同的运动员身体训练水平为主要依据，准确地确定训练比重的大小。比如，如果运动员身体训练水平较低，那么，就应该使一般身体训练的比重大些；如果运动员身体训练水平较高，那么，就可以相应地增大专项身体训练比例，注意增大时要遵循循序渐进的原则。

（七）比赛与训练结合原则

训练的主要目的是在比赛中取得优异的成绩。因此，运动训练一定要以参加比赛为主要依据，要服从比赛。否则，就算平时的训练做得再好，在比赛中得不到很好的运用或者根本用不到，也就毫无意义了。有些时候，运动员的某些技术、战术和心理训练，以及比赛意识的培养和适应能力的提高等是在比赛过程中实现的，由此可以看出，比赛在一定程度上是训练的重要手段。因此，正确地处理好训练和比赛的关系，将两者有机地结合起来，对不断提高运动员的技术水平具有非常重要的意义。

需要注意的是，要根据运动员的实际水平来确定比赛与训练的强度。如对于技术水平较高、基础较为扎实的运动员，可以将训练的强度定位接近正式比赛，这样对运动员心理素质的提高及战术意识、比赛风格等的形成均具有积极作用。

二、乒乓球运动员的身心素质训练

（一）身体素质训练的原则

1. 身体素质训练的一般原则

乒乓球运动身体素质训练的一般原则是人们对身体素质客观规律的认识与反映，具有普遍的代表性和实践性。具体来说，一般原则主要有以下几项。

（1）全面锻炼

全面锻炼身体原则是指通过体育训练，改善身体形态、机能，提高身体素质，促进人体的全面发展。

在乒乓球运动中，人体需要体能中几乎全部素质来保证运动过程的体能需要。因此，其相对应的体能训练就应该是较为全面的，其训练原则主要有以下三点。

① 全面发展的运动素质和全面提高的身体机能能力是达到高水平专项运动技术水平的基本前提和基础。

② 人体各系统之间是一种相互带动和影响的关系。发展运动素质就

必定会带动整个机体，这要求在训练初期必须采用正确的方法发展运动素质，关注训练方法是否具有全面性，使人的身体素质得到高水平的全面发展。

③ 只有在早期训练阶段全面提高运动素质，才能取得高水平的运动成绩。

（2）从实际出发

从实际出发的原则是指训练应从运动员的实际情况出发，在体能训练的安排上，要因人、因项、因时的不同，确定锻炼目的，选择适宜的运动项目，合理地安排运动时间和运动负荷。从实际出发原则要求体能训练有针对性，要紧紧围绕提高专项成绩和技术水平这一最终目标进行，使运动员的身体素质得到平衡发展，以适应提高运动技术水平的要求。

（3）循序渐进

循序渐进原则主要是指在安排锻炼内容、难度、时间及负荷等方面要有计划、有步骤地逐步提高要求。增强体质的过程是有序的、逐步的，因为人体生理机能对外界环境的变化有一个逐步适应的过程，这个过程就是人体的能力适应各种环境变化的提高过程。

（4）坚持到底

身体训练要有连续性和系统性，常年坚持体育训练，才能使体质不断增强，提高运动技术水平。坚持这一原则要求对整个训练过程系统规划，从内容、比重、手段、负荷等方面做出系统安排，尤其是在青少年时期和达到高水平成绩之后，更应周密考虑。

2. 身体素质训练的具体原则

（1）力量素质是核心

对于大多数体育运动项目来说，力量素质是所有身体素质中不可或缺的一项。它的关键之处在于，力量素质不仅对直接由力量产生效果的动作起决定性作用，更关键的是力量素质决定了其他身体素质的水平。为此，在体能训练中，力量素质总是被首先关注的内容。力量素质训练作为乒乓

球身体训练的核心，其注意事项主要有如下几点。

① 应根据运动员身体状况选择适当的练习方法。力量练习要注重对身体全面力量的训练，除了要锻炼较为常用的大肌肉群，还要关注小肌肉群和远端肌肉群的发展，这对日后进行的柔韧训练和灵敏训练都能起到事半功倍的作用。

② 力量训练是一项长期的训练，力求短时间内让力量素质突飞猛进是不现实的。因此，力量素质训练要有一个长期的、延续的和循序渐进的计划。

③ 在全面发展的基础上，要根据乒乓球的专项特点，有针对性地发展专项所需要的力量素质，如肩臂力量、腰部力量和腿部力量。

（2）速度素质是灵魂

乒乓球是一项快速运动。这里的快速指的是多方面的速度，如运动员的反应速度、移动速度、回球速度等。这些运动中的速度需要在速度素质训练中一一对应练习，缺一不可。

首先，乒乓球运动中的速度种类多样，每种速度的构成都是由多种因素影响的综合体现。因此，在进行速度素质训练时，要根据速度的类型分别进行培养，如移动速度要重点培养运动员的腿部力量和步法灵活度，正反手摆速则需要重点培养左右发力的协调性和准确性等。

其次，速度训练对运动员神经和肌肉系统的灵活性要求很高，刺激强度也较大，因此在训练中，要合理安排练习时间和负荷。否则，一味进行速度素质训练可能会降低运动员的运动兴奋点，训练质量大打折扣。

最后，由于动作结构不同的练习所获得的速度不会向专项中转移，因此在训练中，一定要根据项目特点和技术动作要求采取有针对性的方法。

（3）耐力素质是基础

疲劳是影响和限制运动成绩的因素之一，任何运动项目都要求运动员具有相应的耐力素质，并将它作为训练中一种基本素质培养。对于乒乓球运动来说，其运动特点决定了它并不会像足球、篮球等运动那样耗费大量

的体能，因此它对运动员耐力的要求相对较低。不过这并不是说乒乓球运动员可以忽视耐力的训练，现代乒乓球运动经过几次器材和规则的改变后，向着回合更多、线路变化多样的方向发展。运动员在比赛中的跑动也相应增加。因此，如果拥有更好的耐力素质，无疑会给自身技战术水平的发挥带来优势。

（4）灵敏与协调能力是保证

灵敏与协调能力对各种运动技能的形成与发展起着重要的支配作用，是运动员迅速、准确、省力、流畅地掌握和完成各种运动技能的基本能力和保障。灵敏与协调性练习对运动员的兴奋性神经系统要求较高，一般不宜放在大运动量的训练课后进行，练习的次数和时间也不宜过多、过长，应保证足够的间歇时间，否则会影响训练效果。此外，训练方法手段要灵活多样，注意其调节性、娱乐性和趣味性。

（二）身体素质训练的要求

体能训练着重发展运动员的力量、速度、耐力、柔韧和灵敏性，在训练过程中根据乒乓球运动的特点，有计划、全面、系统地进行科学的训练。具体要求有以下几方面。

1. 做好准备活动

身体训练前要做好准备活动，防止运动损伤。身体训练后做好整理活动，以利于恢复，同时加强医务监督。

2. 坚持全面和专项训练

在一般全面体能训练的基础上，紧密结合乒乓球运动各种打法的特点，有针对性地进行专项素质训练。

3. 运用多种训练方法

乒乓球体能训练的手段和方法较为丰富。因此，为了不使体能训练显得过于枯燥无趣，最大化地调动运动员的训练积极性，应在重视训练效果和保证训练质量的同时考虑使用多样化的训练方式。

4. 合理安排体能训练

体能训练的项目很多，对于乒乓球的体能训练来说，在选择上首先要以运动特点作为依据。可以明确的是，乒乓球运动的技术动作和制胜法则显示出它是一项对运动员身体的灵敏和速度素质要求较高的运动。而专项力量训练对提高神经系统兴奋与抑制过程的强度有帮助，它有助于发展专项速度素质。另外，力量素质对回球质量也是非常关键的，因为以同样的技术动作击球，绝对力量大的运动员的回球威胁要大于力量小的运动员的回球。其次要根据乒乓球运动主要技术动作特点来确定。乒乓球运动中大多数的接球技术需要具备良好的专项素质。要使专项速度、力量等素质真正符合每一项技术动作的需要，就必须注意所选用的专项身体训练内容的动作结构，肌肉用力形式要尽量与之相似。

从宏观方面来讲，安排各项体能训练与乒乓球的其他技战术训练的比例要得当。在总的安排比例下，还可以根据不同运动员的实际情况做一些细微的调整。这种调整也可以基于在乒乓球不同训练时期的侧重，只有这样才能使专项素质练习发挥实际效果，才能更好地促使技术的提高。

（三）身体素质训练方法

1. 力量训练

乒乓球的力量训练实践表明，不同的动作技术对运动员力量素质的要求不同。最大力量、爆发力量、速度力量、力量耐力是改善和提高专项力量的基础。专项力量训练应与专项运动能力训练科学相结合，与专项技术的用力方式融合在一起，这是发展运动员专项力量素质的有效途径。提高运动员专项力量素质的训练方法主要有以下几种。

（1）各种徒手（规定练习次数和时间）的挥拍动作练习。

（2）持铁制球拍（约为 0.5 kg）的各种挥拍动作练习。

（3）用持拍手进行乒乓球掷远练习，进行扣球击远练习。

（4）持拍推球练习，包括快推和加力推两种练习方法。

2. 速度训练

乒乓球的专项速度属于非周期性的单个动作速度，即击球时的挥臂速度和选择最佳击球位置而移动身体重心的速度。乒乓球运动项目的特点有球小、球速快、动作快、移动快、变化快，运动员只有具备较高的专项速度素质，才能在瞬息万变的比赛中争取积极主动，抢先上手，才能赢得比赛的胜利。发展乒乓球专项速度素质的训练方法主要有以下几种。

（1）在保证基本动作规范的前提下，做单一技术或者组合技术的徒手挥拍练习 30 秒至 1 分钟，或规定练习的次数。

（2）通过加快多球练习的供球速度，迫使练习者加快击球的摆速和击球速率。

（3）并步或跳步左右移动的手法、步法练习 30 秒至 1 分钟（在球台两边线之间）。

（4）用并步或交叉步移动摸球台两角练习 30 秒至 1 分钟（在球台两端线之间）。

（5）进行推挡、侧身、扑右（左）角的手法、步法练习 30 秒至 1 分钟。

（6）进行多球练习。加快供出各种不定点和不同旋转节奏性质的球，迫使练习者在回击时迅速提高判断反应速度、步法的移动速度和击球的挥拍速度。

3. 灵敏性训练

发展灵敏素质，可以进一步改进专项技术动作的协调性，从而提高动作的准确性。如果一个运动员不能随机应变地操纵自己的身体，不能精确地控制自己的动作，说明他缺乏灵敏素质。在专项运动中，改进灵敏性的最好方法是在对抗中正确地、快速地、反复地练习这些动作。重视发展专项的协调性是提高专项灵敏素质的重要途径之一，专项灵敏素质通常与专项技术敏捷、灵巧和精确紧密相连。发展专项灵敏素质的训练方法主要有

以下几种。

（1）按照事先规定，听哨声或者看手势，或者快速向前跑、后退跑，或者向前跑、向后转跑，或者急跑、急停等。

（2）看或者听到信号后，按照要求变换各种步法结合练习。

（3）颠球接力赛：分两队，颠着球跑并绕过规定目标后折返跑，将球传给下一同伴，快者为胜方。

（4）追逐跑：在托球跑动中，听到一声哨声，单数追双数；听到两声哨声，双数立即变为追单数，不断变换。

（5）进行轮换击球练习：三人为一组，两人各站球台一端，另一人站在球网附近，按照顺时针（或者逆时针）方向进行跑动中轮换击球练习。

（6）多球练习：两人一组，在球台的任何位置上放置目标，在规定的多球数目中击中目标次数多的一方为胜方。

4. 重复练习

乒乓球运动员采用循环练习，可以按不同打法类型选择和编排各专项素质的循环练习内容，其练习量也因不同类型的打法特点而有所区别。同时，可根据不同的练习目的选用不同的练习动作，也可以在相同的练习动作中采用不同的练习量以示区别。这样对不同类型打法的运动员更有针对性，也是乒乓球专项训练中采用循环练习的进一步发展。

（四）心理训练的益处

在现代体育运动中，心理训练已经成为训练体系的重要组成部分，特别是在高水平运动队中，心理训练是非常必要的。心理训练是一种有意识、有目的地对运动员的心理过程和个性心理特征施加影响的过程，使运动员专项运动所需要的心理素质不断增强与提高，以利于运动员在训练和比赛中充分发挥技战术水平，取得优异成绩。

大量的运动实践证明，运动员的心理状态对其身体机能以及技战术水平的发挥有着巨大的影响。这点在追求竞技成绩的高水平比赛中表现得尤

为突出。例如，训练中表现出超强实力的运动员，若受到消极心理的影响，在比赛中可能会输给实力明显不如自己的运动员，而具备良好心理品质的运动员即便在面对实力比自己强的对手时，也能在积极心理的激励下打出超水平的比赛。

心理训练的最大用途就在于通过训练使运动员的心理获得一种较为稳定的状态，具备良好的心理特征，获得较高水平的心理能量储备，使其心理状态适合比赛的需要，为创造优异的运动成绩奠定良好的心理基础。具体来看，心理训练的主要作用有以下几个方面。

1. 心理状态更加稳定

心理状态是运动员在训练和比赛中控制心理活动的主要因素。心理活动水平低的运动员很难在心态不稳状态下对生理活动和技术动作进行像往常一样的良好控制，因此，一旦出现这种情况，即便是技战术水平较高、体能素质较好的运动员，其发挥都会或多或少地打些“折扣”，严重时还会发挥失常，与平时训练中的自己判若两人。为此，必须用心理训练的方法提高运动员的心理活动水平，使其具有较高水平的自我控制能力。

2. 心理活动强度适宜

心理的稳定状态并非呈现出一条直线，而是围绕平稳曲线做轻微的上下波动。因此，运动员在训练和比赛中是需要一些心理活动强度的。如果心理强度不足，无法实现对技术动作的主导作用。不过，心理活动的强度也不是越强越好，太过强大的心理活动强度对技术动作的调节容易失控，会使身心平衡状态不能达到最佳，导致技术动作的变形和失误。通过心理训练可使其维持好身心力量的平衡，获得最佳的竞技状态。

3. 有效治疗心理障碍

心理训练的作用是双方面的，一方面是积极促进运动员心理朝着健康的、适合比赛的方向发展；另一方面是对运动员心理中的消极因素进行“剿灭”，克服固有的心理障碍。在乒乓球运动的训练中，经常会练习一些新技术，这些新技术最终是要在比赛中获得检验的，但一开始对于新技术的使用时机和精准把握尚不足够，可能导致许多失误，这是非常正常的现象，然而有些心理素质不过硬的运动员便开始怀疑自己练习的这项技术的可信度，久而久之便不敢再在比赛中使用这个技术，或是即便使用了，也认为这个技术的失败概率很高，不可靠，造成心理上的一种阴影。对此，一般需要采用专门的心理恢复和治疗手段，不能用身体训练和技术训练的方法代替，更不能单纯依靠自然恢复，心理方面存在的问题，要用心理学的方法去解决。

（五）心理训练的内容

乒乓球运动是一种非常典型的技能主导性运动，它对运动员的运动技能、体能、智能等都有非常高的要求。乒乓球具有球体小、重量轻、飞行速度快、旋转变化多、技巧性强等特点。乒乓球比赛的氛围往往非常紧张，运动员要对每回合的比赛付出高度的注意力，稍不经意就可能在比分上有直观的反映。为了在比赛时能发挥出运动员身体、技战术方面的优势，要求乒乓球运动员具有积极而稳定的情绪、勇敢顽强的意志、机智果断的品质和较高水平的自我控制能力，这样才能适应专项训练和比赛的需要。

人的心理状态和特征需要一个长期的形成过程，因此，乒乓球运动员的心理训练也应该是一个长期的过程，在短期内看到明显效果显然是不可能的。除了心理训练的长期性，全面性也应该是心理训练要贯彻的原则，生活中的训练和在比赛中的训练是相辅相成的，只注重临场的心理训练而忽视日常生活中的心理训练，不利于训练效果的巩固。总的来看，心理训练应从下列几方面入手。

1. 训练运动知觉的准确性

乒乓球运动员应具有精确的运动知觉，具有准确控制各种动作和空间定向的能力。击球时的拍形、击球点、用力的大小以及步法的移动，都需

要运动员有准确的控制能力。运动员经过长期的训练和比赛可以形成良好的“球感”和“时间感”，具体体现在可以非常精确地感受来球的方向、速度、旋转。凭借这种感知觉，精确、协调地发挥自己的技术动作，对来球有良好的控制。运动心理学称之为专门化知觉过程，这对乒乓球专项运动员有非常重要的意义。

2. 训练注意力

注意力是人的心理活动的指向性和集中性。人们能把注意力持久地指向和集中于同一事物，这就是注意力的稳定性。乒乓球比赛的攻防变化节奏非常快，对运动员集中注意力的要求很高，运动员不仅要把注意力集中在观察、判断对手的动作及来球的速度、方向、旋转上，而且应合理分配和转移自己的注意力，这样才能不被赛场的突发情况、观众的情绪以及裁判的行为所干扰，适应乒乓球比赛场上瞬息万变的情况。运动员应善于把自己的心理活动有意识地集中注意在某一事物上，并且可以转移并集中于当时所应指向和集中的另一事物上。

3. 训练思维的灵活性

思维的敏捷性和灵活性表现为面临问题时能够做出迅速反应，并能够根据情况的变化做出及时的调整。

乒乓球比赛攻防节奏快，旋转变化多，运动员要善于分析对手的心理和技战术特点，要善于动脑筋打球，做到扬长避短、有的放矢。在仔细观察和敏捷思维的基础上，及时做出战术决策，否则很难应对比赛的情况，也无法取得比赛的主动。

乒乓球比赛瞬息万变，当对手改变打法时，要善于摆脱先前建立的那些联系，尽快适应对手的变化，这种迅速的思维活动就是思维的灵活性，通常称为“应变能力”。运动员的快速应变能力取决于训练过程中培养的战术素养，通过对战术的灵活运用把自己的意图付诸实施，牢牢控制比赛的主动权。

4. 学会控制情绪

情绪是人对客观事物的一种反应形式，是人对客观事物是否符合自己需要的体验。情绪是一种心理行为，是由环境的特异变化引起的。不同人对于自身情绪的管理水平是不一样的。情绪管理良好的人喜怒不形于色，在比赛中，无论比分领先还是落后，都很难在他们的表情上分辨出来；而情绪管理不好的人，根据比赛局势的发展其行为也会发生剧烈的变化，如比分领先时表现出激情和张扬，一旦比分落后，则表现出急躁和愤怒。人在运动中表现出的情绪状态会直接影响技术水平的发挥。

总的来说，对于乒乓球这种对精细技术要求极高的运动，运动员应具备乐观积极的心境、强烈的热情和激情，这有助于激发人的求胜欲望和斗志，调动潜在的能力，提高效率。乒乓球比赛变化多，对于场上出现的突发情况，运动员要有良好的应激能力，避免不利因素的干扰，即刻做出准确的应答动作，摆脱困境，扭转被动局面。

5. 训练意志力

意志是人为了实现确定的目标而支配自己的行动，并在行动时自觉克服困难的心理过程。意志品质是在意志行动的各个阶段所表现出的稳定的行为特征。

乒乓球比赛瞬息万变，每名运动员都经历过领先和落后。在落后阶段，只有意志品质顽强的运动员才有可能挽回颓势，实现逆转。因此运动员应特别注意培养良好的意志品质，提高训练的自觉性、解决问题的果断性，培养坚韧不拔的毅力。良好的意志品质只有经过长期训练和比赛的磨炼才能形成。2001 年世乒赛男团半决赛，中国选手刘国正在比赛中挽救 7 个赛点，成功逆转，战胜韩国老将金泽洙，这场比赛已经成为一段传奇和经典。刘国正之所以能打出如此经典的比赛，与其在危急时刻坚信自己、不放弃的坚强意志品质有很大关系。

（六）心理训练方法

运动员的心理训练是指为加强和提高运动员完成专项运动所需要的心理因素，使运动员学会调节心理状态的各种方法，控制好比赛前和比赛时的心理活动，最大限度地发挥运动员的技战术水平而进行的训练。

对于乒乓球运动来说，每名运动员的心理状况相差较大，因此没有一种心理训练方法适合所有运动员。只有根据每名运动员的心理特点，选择针对性较强的方法，才能达到良好的训练效果。另外，值得关注的一点是，心理训练是一种长期的，带有一定延展性和渗透性的训练，也就是说，它不仅仅存在于训练和竞赛中，还应该充斥在运动员的点滴生活中。常见的心理训练方法包括如下几项。

1. 运动表象的训练

表象训练是指有意识地在自己的头脑中重现已经形成的动作表象。良好的表象训练可使运动员原有的暂时神经联系恢复，形成精确的运动知觉，提高动作的熟练程度，有利于建立和巩固正确动作的动力定型，减少运动员的各种焦虑，克服心理障碍，增强自信心。

为了提高运动技术水平，加强运动表象、想象和思维等在技术动作形成中的作用，可以采用回忆技术动作的表象训练方法。这一心理训练方法的主要特点是：回忆学过的技术动作形象，使技术动作的主要执行部位在表象中出现，根据动作表象进行技术动作练习，在此基础上，进一步形成技术动作的概念，加深对技术动作的理解和掌握。在平时的训练中，教练员应该要求运动员注意体会自己成功运用某一技术、战术的各种感觉，包括动作结构、要领、关键及细节部分等。例如，在还击某来球时，位置的选择、击球时身体各部分发力时间顺序和肌肉感觉等。要求运动员重视回击各种来球的肌肉感觉表象，有利于其尽快形成各种熟练的动作技巧，使其在比赛中得到正常发挥。表象训练在运动训练中是体脑结合的科学训练方法，也是一种自我训练方法，对提高技战术水平具有重要的作用。

2. 情境模拟训练

模拟训练是一种对比赛情境进行全方位模仿的训练方式。模拟训练可以最大化地为运动员参加比赛做好适应性准备。为了实现对比赛场景的模拟，模拟训练的环境设置要求较高，即要求模拟出的比赛环境要真、要像、要全面，然后在此基础上有针对性地训练，以提高运动员临场比赛时的适应能力，在头脑中建立合理的动力定型结构，以便使技、战术在千变万化的情况下得到正常发挥。

实践证明，同等实力的运动员，接受过模拟训练的比没有接受过该项训练的临场表现更加稳定和自信，这主要是因为模拟训练使他们用最短的时间适应了比赛环境，并且对场上可能出现的情况有一定的心理准备。

乒乓球模拟训练涉及的内容非常广泛，它不仅仅是对比赛周边环境进行模拟，还要对比赛布景、所用器材、观众噪声、广播播报、比赛负荷等一切与比赛相关的事物进行模拟。另外，还要对比赛局面进行模拟，如对大比分领先、大比分落后、失掉一个关键分、裁判误判等时刻的模拟。

具体来说，模拟训练的内容主要有以下几点。

（1）模拟对手特点

根据收集到的对手信息，模拟对手的打法和比赛风格。通过模拟，了解并适应比赛对手的情况，以在真正对阵时在心理上占据优势。我国乒乓球队经常使用这种模拟对手特点的方式对主力参赛球员进行训练。

（2）模拟比赛结果

乒乓球比赛瞬息万变，这也是乒乓球运动的魅力所在。对于要取得优异成绩的运动员来说，能更多地掌握可能出现的情况的处理方法和做好心理准备显然更加有利。例如，训练中可模拟各种比分时的形势，以及裁判员出现错误判罚、胶皮没有粘合好、球板开裂等意外情况。通过这种方法，可锻炼运动员比赛时稳定情绪和随机应变的能力。

（3）模拟比赛现场

比赛与训练的最大不同就在于比赛的环境。这种环境的变化会使平时

参赛较少的运动员产生巨大的心理不适感，产生紧张情绪。为此，在模拟训练时，可以为运动员营造出最贴近比赛氛围的场景。例如，可组织观众观看比赛，播放比赛场馆的观众声音，训练中使用比赛指定球台等。

3. 意志品质训练

意志训练是指运动训练中有目的地使运动员克服各种困难，调节运动员的心理状态，使其从事达到预定目的的活动。培养意志品质，主要是通过克服运动实践中的困难和教练员有意出的难题进行的。在克服困难的训练中，可以参考以下方法。

（1）激励法

表扬本队意志坚毅的队员，介绍乒乓球界依靠顽强意志战胜对手的事例，激励队员去学习、仿效，从而使队员不畏困难并能自觉地培养意志。

（2）引导法

激发和诱导运动员对某种训练手段的兴趣，并与提高运动员的事业心和责任感结合起来，让运动员在参加训练实践中得到意志的培养。

（3）刺激法

通过科学的大运动量训练，使运动员能承受大强度、大密度、大难度的考验，以增强其克服困难的勇气和信心。特别是在疲劳状态下进行这种训练，对运动员的意志品质培养有积极的促进作用。

（4）强制法

对教练员的命令、训练规定和要求及竞赛规程中的规定等，不管运动员是否乐意接受，都必须保质保量地完成。运动员在从事并完成这些活动的过程中逐步培养了顽强的意志。在对运动员进行意志训练的过程中，关键还是运动员主观上对意志力自我培养的自觉性。只有运动员具有了培养意志的要求和愿望，才能收到良好的训练效果。

4. 心理调节训练

在运动训练和比赛中，运动员经常会受到各种环境条件的影响，导致心理活动发生异常变化。例如，当乒乓球比赛打到关键比分或关键局时，

赛场气氛、对手的情况、观众的情绪等都会发生变化，这些都可能给运动员的心理活动带来一定的影响，如影响他们对技术动作的有效控制。因此，运动员需要学会进行心理调节适应，以便排除由比赛的环境条件变化而引起的异常心理变化的干扰。对于训练或比赛中出现的各种情况，可以采用各种不同的暗示方法进行有效的心理调节，即事先建立一种积极的想法去代替可能产生的消极想法，使运动员把全部注意力集中在自己的战术行动上，从而排除来自主客观因素的各种干扰，促进运动员技术、战术水平的发挥。当训练或比赛中出现对自己不利的局面，心理产生波动时，要学会利用规则控制好比赛的节奏，并在恰当的时机利用暂停的机会，与教练员一起分析双方技战术发挥的情况，扬长避短，稳定自己的情绪，减轻急躁情绪和焦虑，调整好心理状态，使比赛局势朝有利的方向转变。

心理调节训练的主要目的是建立一种战胜对手的信念，用积极展望前景的思维去代替消极思维。但是，这种“信念”和“前景”的展望不能脱离主观实际，过高或过低的展望都会产生不良的影响。所以，平时应根据训练或比赛中可能出现的情况，合理使用，反复训练，取得积极的效果。

三、乒乓球运动训练的创新

（一）创新训练理念

1.“百花齐放，以我为主”

“百花齐放，以我为主”的训练理念有以下三个方面的特性。

（1）正确性

“百花齐放，以我为主”训练理念的正确性主要体现在以下两个方面。一方面，要“百花齐放”，通过开放的方针政策支持各种打法；另一方面，要“以我为主”，没有重点就没有政策，在以我为主的基础上进一步发展自己的打法。坚持遵循这样的理念，就会逐渐形成“国外有，我有，外国无，我也要有”的状况，从而将世界乒乓球的进化和自身的实际情况

紧密地结合起来。由此可以看出，“百花齐放，以我为主”训练理念具有辩证性、全面性以及完整性的特点。概括来讲，就是“百花齐放”与“以我为主”两手抓。

（2）科学性

“百花齐放，以我为主”训练理念的科学性主要体现在对乒乓球竞技的基本矛盾有了充分的重视。由五大竞技要素和制胜因素（击球力量，球的速度，球的旋转，球的落点，弧圈）组合而成的刺激，主要包括两大方面。一方面，五大要素是不断变化的；另一方面，不同工具的性能与乒乓球的不同打法所造成的差异。这两大方面的球性刺激都会造成不一样的技术后果，正所谓“差之毫厘，失之千里”。通过这些刺激的不断变化和训练，可以达到不同的球性变化效果，这也正体现了“适应球性”、“细腻手感”和“精确技术”的重要性。另外，精确的球性刺激也体现出了中国与欧洲乒乓球技术的区别，即中国运动员的技术较欧洲运动员精细。

（3）实效性

只有参与不同形式和风格的比赛，才能不断增强运动员的适应能力。但是到世界各地与不同风格和打法的人进行切磋是不现实的，最好的办法是将世界上各种打法和流派容纳于“中国乒坛小世界”中，在国内培养和扶持各种打法，这样就能够将世界大赛中的打法搬到训练馆中。

这样做可以使我国运动员应对复杂新异打法的能力得到进一步提高，从而使运动员建立更好的打法体系和绝招，克敌制胜。由此可以看出，“百花齐放，以我为主”的训练理念具有较强的实效性。

2. “三从一大”

（1）“三从一大”与特长突出的关系

“三从一大”理念是20世纪60年代中期提出的，具体来说，是指“从难、从严、从实战需要出发，科学地进行大运动量训练”的理念。“三从一大”一直是中国乒乓球队认真贯彻的重要理念。运动员在对特定的乒乓球打法进行掌握之后，要对决定得分制胜的关键技战术进行深层次的把握，并且反复训练关键技术，要求动作准确完美，尽可能地使关键技术成为自己的特长技术，并利用其取得比赛的优异成绩，这就是所谓的“狠抓特长突出”。其中，中国队较为具有代表性的技术为“前三板”技术、正手技术等，这些关键的技术使我国队员的发球与发球抢攻成为与外国运动员相比的特长，也是中国队取得优异成绩的重要手段。运动员要想形成自己的独特风格，就必须使个人的打法特长更加突出，并且精益求精。

为了能够更好地提升运动员的整体水平，也为了更好地适应不断提高的世界乒坛技术、日益激烈的竞争对抗、不时转换的攻防矛盾、循环交替的主动被动，要求训练必须做到技术全面，这也是抓好从实战需要出发的重要手段之一。从以往的经验和规律来看，如果特长突出，就必须要技术全面，否则，其弱点将会成为被对手牵制的重要点，使自己的特长无法相持、过渡和反击，也不能发挥其应有的作用。由此可以看出，只有将特长突出与技术全面有机地结合起来，才能取得理想的效果和成绩。

（2）需要处理好与相关因素的关系

首先，要恰当处理运动负荷与技术训练的关系。在进行乒乓球技术训练时，要注意对适宜负荷这一原则的科学贯彻。乒乓球是技能类项目之一，对运动员的灵敏性素质要求较高，因此，在技术训练时要重点对运动员神经肌肉系统感觉进行训练，并且要避免过度疲劳，防止对运动员的肌肉感觉产生不利的影响。乒乓球运动员每天应训练 5 h 左右，挥拍击球次数在 3 000～5 000 次，全年总的训练日以 280 d 左右为宜。

其次，要处理好训练和比赛的关系。为了更好地适应频繁的国际乒坛赛事和国内乒乓市场的需要，中国乒乓球队改变了以往的训练周期，将训练的长周期改变为短周期。通过调整训练模式来对新形势下的竞技训练规律进行科学探索，与世界潮流相统一。

最后，要处理好计划与市场、金钱与金牌的关系。为了更好地发展中国乒乓球，国家队体制（以集中为主）仍要一如既往地坚持，并不断对此

进行完善。此外，还要使国家队的流动性与竞争性有所增强，从而形成集训多与集中少、流动多与固定少、竞争多与指定少的格局。需要强调的是，也要恰当地处理好训练与比赛之间的矛盾，要遵循训练与比赛的一般规律——“以赛促练”和“赛练结合”。要求尽可能地发挥出“从实战需要出发”的各种训练方式的作用，取得理想的训练效果。

（二）创新拓展训练

20 世纪 90 年代，我国引入拓展训练的新模式，这一新兴模式在我国乒乓球运动训练中具有十分重要的意义。它针对不同运动员的乒乓球训练水平有选择性地运用拓展训练来提高运动员的训练技能，实现了乒乓球训练与拓展训练的有机结合，并且使乒乓球运动训练的质量和效果得到显著提高。

（三）创新技术训练

事物的发展离不开创新，乒乓球技术的训练自然也不例外。乒乓球运动员要依据实际情况，积极主动地创新技战术，这样才能适应乒乓球运动发展的要求。我国乒乓球技术训练的发展过程，实际上就是一个创新的过程。

1. 第一次创新

乒乓球技术的第一次创新出现在 20 世纪 60 年代，主要体现在长胶球拍的运用上。使用长胶球拍削出的球在弹出时间、节奏、旋转速率、空间运行状态、撞拍、落台等方面变化较多，容易令对手措手不及，使其出现失误。后来，长胶球拍被越来越多的运动员使用，并获得了更好的比赛成绩。

2. 第二次创新

乒乓球技术的第二次创新出现在 20 世纪 70 年代。当时西方的乒乓球运动员采用两面进攻结合拉弧圈球的新技术，中国乒乓球队要想取胜，就必须实现“快、准、狠、变、转”。国家乒乓球队队员郗恩庭在总教练徐寅生的指导下，将自己擅长的直拍正胶快攻技术创新改良为直拍反胶快攻结合弧圈球技术，并在 1973 年的世界乒乓球锦标赛上获得男子单打冠军，证明了这项创新的成功。

3. 第三次创新

乒乓球技术的第三次创新出现在 20 世纪 90 年代，主要体现在直拍反手背面攻技术的出现。西方乒乓球运动员日趋完善的横拍“两只手”让中国运动员曾经引以为傲的直拍“一只手”屡屡受挫，在 1989 年、1991 年，中国乒乓球队两失斯韦思林杯。经过研究人员、教练员和运动员数年的研究实践，提出了直拍反手背面攻击术。当时的国家队队员刘国梁利用这一技术击败瑞典著名乒乓球运动员瓦尔德内尔，震惊了西方世界。这一创新技术的功能主要表现在六个方面，分别是反手接发球、拉打下旋球、弹击机会球、倒拍后正手可用反胶拉、反手背面发球、正手倒拍发球。

第二节　乒乓球技术训练实践

一、乒乓球技术训练的基本要求

时至今日，乒乓球的技战术发展越发加快，许多先进技术不断地被创造出来并很快用于实践，几乎每届大赛中都能看到一些新兴技术。不过对于广大乒乓球运动的参与者或初学者来说，急于练成高级技术并不现实，应从基础入手，按照乒乓球技术学练的基本要求练习，如此才能为技术的快速提高打好必要的基础。综合来看，乒乓球技术训练的基本要求主要有以下几点。

（一）在乒乓球运动中学会身体发力

乒乓球运动从出现至今进行了多次改革，其改革的步伐从没有停歇。

对乒乓球运动改革的目的在于使这项运动更加具有观赏性和竞技性，因此，改革是十分有必要的。随着改革的进行，乒乓球技术要求也有所改变。乒乓球的最初直径为 38 mm，21 世纪初国际乒联将球的直径增大至 40 mm，虽然仅加了 2 mm，但对于乒乓球运动的影响较大，增大尺寸使得球速更慢、旋转更弱，因此要想打出有威胁的球，就需要运动员拥有更大的力量，为此，选手必须注重对自身力量素质的训练。前面曾经介绍，乒乓球的击球力量除了绝对力量，对球员全身协同发力也有着较高的要求。为了做出协同发力的动作，在运用技术时应注意做到以下两点。

（1）适当增加动作幅度和舒展性。运用乒乓球技术时要使身体各运动部位协调用力，特别要注重对腰腹力量的使用。乒乓球的发力实际上始于脚下，腰腹作为身体的中枢，协同发力才能将脚下、腿部的蹬地发力传达至发力的末端——手上。因此，充分发挥身体重心的转换辅力作用是提升力量的最佳方法。

（2）注重前臂的力量爆发作用。长期实践证明，发力作用在球上产生最终效果。因此，击出球的效果如何，关键就在于触球的一刹那，在触球前，前臂的快速收缩动作就成为最终影响发力效果的技术关键。为了打出质量较高的球，需要前臂快速收缩，对球施加一种快速爆发的力。因此，在平日的训练中要格外加强前臂的收缩发力，并且要注重主动发力，避免过多打借力球。

（二）将速度与旋转进行融合

速度和旋转是乒乓球运动的特点与魅力。当一个击球同时具备了高速度和高转速时，那么这个击球一定是高质量的。不过想要击出这种球并不容易，首先它不能仅仅依靠击球时的出手速度来实现。因此，在乒乓球运动中，速度常与旋转结合起来，以增加球对对方的威胁。基于这种旋转与速度结合的理论，一项新的技术——弧圈球应运而生，正是因为弧圈球能够将速度与旋转完美结合，它成为现今乒坛上被运用最广泛的技术，并且由这种技术衍生出了弧圈球的多种打法风格，如欧洲两面弧圈打法、弧圈结合快攻打法以及快攻结合弧圈打法。

速度与旋转的结合无疑使得击球质量更高，使其兼具攻击性和稳定性。例如，速度是制约对方回高质量球的有力武器，而为了让快速击球的稳定性较高，可以加入弧圈（高速上旋球），这样可以使球的一跳弧线更加稳妥，在球过网时拥有更大的“球窗”，从而为击球提供稳定的保护。此外，高强度的旋转还能增加对方对来球的判断难度和回球难度，为己方提供绝佳的进攻机会。

（三）“立体式”作战

乒乓球技术发展到今天可谓百花齐放，赛场上早已看不到一种技术独大的局面，取而代之的则是“立体式”作战。这种“立体式”具体表现在以下几方面。

（1）逐渐加强的反手进攻。我国传统的近台快攻打法主要以正手进攻为主，这种正手为主、反手为辅的思维一直延续至今。而从现代乒乓球运动的发展来看，反手的作用逐渐凸显。反手的强化可以使进攻更加流畅以及防守无死角，在此情况下，偏弱的反手选手显然在技术上出现短板，往往容易被对方利用。我国乒乓球手为了解决这一问题做出了许多积极的尝试，如著名选手王皓的直拍横打技术，标志着新一代直板运动员已经初步具备了连续相持和攻防转换的能力，开始从根本上摆脱直板反手的弱势。

（2）近台的争夺越发激烈。在乒乓球运动实践中，近台的争夺至关重要，是当前乒乓球技战术发展的集中体现。现在乒乓球比赛的近台争夺中更加强调上旋球的对抗，新一代的乒乓球运动员更是将第一板对上旋球进攻的速度提高到了新的层次，并且为此创新了如正手台内挑打、正手晃撇以及反手台内拧技术，这些为了适应全方位立体作战的新技术在实战中均获得了极佳的效果。

二、乒乓球技术训练方法

（一）单一线路练习法

乒乓球的击球线路非常多，大致可以归纳、简化为 5 条基本球路（左方斜线、右方斜线、左方直线、右方直线、中路直线），根据具体情况进行单一线路练习。

1. 训练方法

（1）按规定的单一线路进行单一技术练习，如右方斜线对攻。

（2）按规定的单一线路进行两个或两个以上技术的练习，如右方斜线的削中反攻练习。

（3）在同一线路上，进行近台对中台或近台对中远台的对练，如一名选手在中台拉弧圈球，另一名选手在近台快带，若能采用记分方法，效果更好。还可在单线的拉削练习中加进放小球，以提高削球选手的前后步法。

2. 训练的意义

（1）学习、熟悉某一单个技术或改进某动作的某些缺点。如通过右方斜线的中台对攻，解决攻球时用腰腿协调发力的问题。中台或中远台对拉弧圈球的练习对于提高拉弧圈球的技能具有非常好的效果，它既可提高全身协调配合发力的能力，又可提高制造击球弧线的能力。

（2）熟悉单一线路上两种或两种以上技术（包括手法和步法）的配合及其战术练习。如为加强左半台的进攻能力，可采用左半台对练的方法，在左半台范围内，发球、接发球、搓、攻、挡多种技术配合，并带有一定的战术意识。

（3）提高单一线路的前后步法和调节击球节奏的能力。

3. 训练中需要注意的事项

（1）在实际训练中，单线练习是指规定击球区域的练习。如两条斜线经常是以对角半台为界，两条直线往往是以同边半台为界。

（2）即使是单一线路的单一技术练习，也不能站死不动地打球，至少应有单步或小碎步式的重心交换。

（二）多种线路练习法

1. 练习法一：两点打一点

（1）练习方法

① 有规律地变化左右落点

如一左一右、一左两右或两左两右等。所谓的两点，可以是 2/3 台或全台两大角。

② 无规律地变化左右落点

在以上练习中，两点打一点者可使用一种技术（如正手 2/3 台走动攻）或两种（左推右攻）及两种以上的技术。一点打两点者，可使用一种（如反手推挡）或两种以上的技术（如在摆速练习时，反手推结合反手攻或侧身攻）。而且，这一点可是反手位、正手位或中路，可推、可攻、可拉弧圈球。欧洲选手练习摆速时，陪练者往往站在球台中间用正手拉弧圈球至对方两大角，练习效果很好。

（2）练习意义

① 两点打一点者

可提高将几种技术结合起来的技能，如反手推挡与正手攻球的结合、反手攻球与正手攻球的结合等；可提高步法的移动速度，特别是用一种技术（如正手攻球）在走动中击球时，对练习步法的意义尤为明显。

② 一点打两点者

可提高控制与变化落点的能力。

（3）需要注意的事项

① 循序渐进、由易到难，无规律变化的练习难度大，应在有规律变化的练习基础上进行。

② 陪练者（一点打两点者）击球的速度和落点、角度的变化应适合对方的水平，最好是经对方努力后即可完成，不经努力就可完成或经过努力也难以完成的练习都是不好的。

③ 不同的练习目的应有不同要求，如练习反手推挡结合正手攻时，要求用跨步或并步；练习正手 2/3 台走动攻时，要求用并步或跳步。另外，还应特别注意不能用降低技术质量的方法进行敷衍式的练习，如练习推、侧、扑时，不能用勉强的小侧身攻。

④ 为改进传统练习方法中将主练与陪练截然分开的弊端，有些内容可灵活变化，如摆速练习，传统方法是每人 15 min，主练左推右攻，陪练一点推两点，可改为前 15 min 甲方每球先变线，打开后乙方亦可变线；后 15 min 乙方每球先变线，以后甲方亦可变线……这就打破了主、陪练的严格界限，双方还可练习攻防的转换。

2. 练习法二：两点对两点

（1）练习方法

① 两斜对两直

规定一方只能打两条斜线，另一方只能打两条直线的练习。

② 逢斜变直、逢直变斜

一方可随意向对方全台击球，另一方遇斜线来球必须回直线，遇直线来球必须回斜线。

③ 两直对一直一斜

两名攻球手练习时多采用这一方法。一方只打直线，反手位用反手打，正手位用正手打，正、反手各打两次直线。另一方全部用正手走动攻，侧身位攻一直线、攻一斜线；正手位攻一直线、攻一斜线。还有一种与此相似的方法，即两斜对一斜一直。一方只打斜线，反手位用反手打，正手位用正手打，正、反手各打两次斜线。另一方全部用正手走动攻，侧身位攻一斜线、攻一直线，正手位攻一斜线、攻一直线（图 4-2-1）。

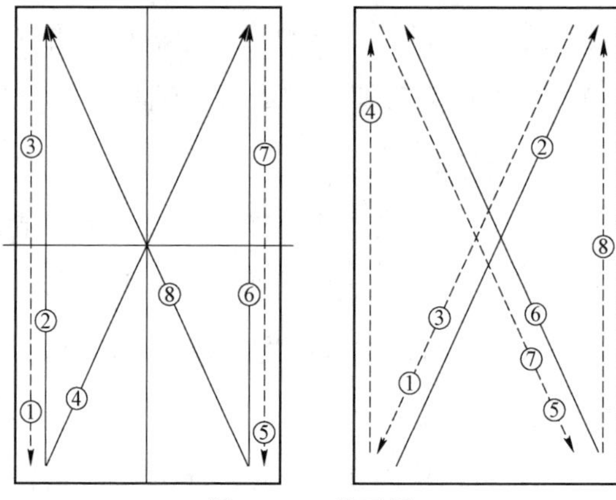

图 4-2-1　练习图

（2）练习作用

① 走动中将两种技术结合运用，并有意识地控制击球落点。

② 逢斜变直、逢直变斜的难度比两斜对两直大，有助于提高判断能力。

③ 两直对一直一斜和两斜对一斜一直的练习克服了传统练习中击球线路单一的缺点，使正手走动攻既打直线又打斜线。另外，这两个练习方法还大大缩小了主、陪练的差距。

（3）需要注意的事项。

从易到难，练习双方应密切配合。

3. 练习法三：三点打一点

（1）练习方法

三点者皆用正手攻或拉弧圈球，一点者可推、可拨、可削。

① 完全式的三点打一点练习如图 4-2-2 所示。

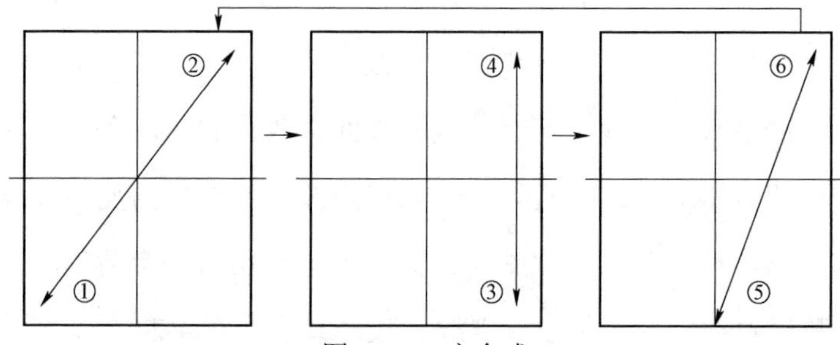

图 4-2-2　完全式

② 不完全式的三点打一点练习如图 4-2-3 所示。

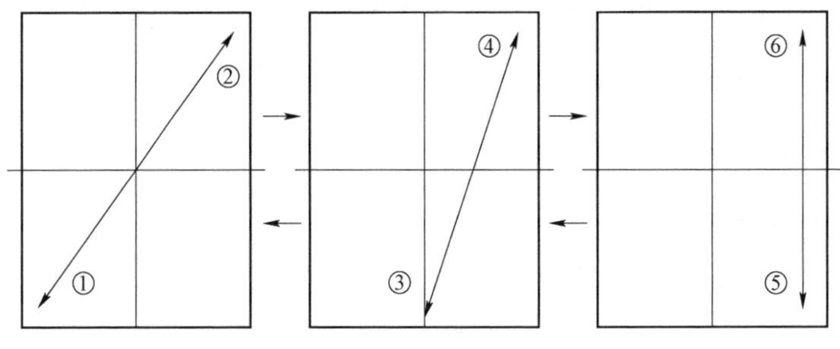

图 4-2-3　不完全式

③ 变化式的三点打一点练习如图 4-2-4 所示。三点者皆用正手走动攻，每次移动范围不超过半台。对方回球至我方左角或右角时，下板球肯定至我方中路；对方回球至我方中路时，下板球可能会至我方左角或右角。

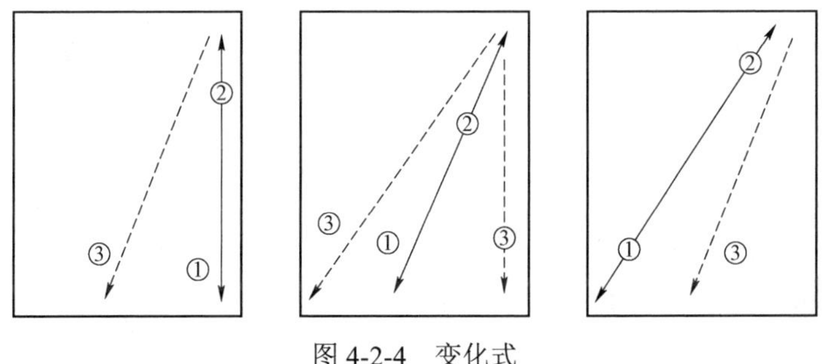

图 4-2-4　变化式

（2）练习意义

可练习正手在左角、中路和右角的走动攻，移动范围比两大角打一点要小，技术难度小。学习正手走动攻时，往往先从完全式的三点打一点练习开始，随之进行不完全式的三点打一点练习。变化式的三点打一点练习能将判断、反应结合起来，有变化、有难度，可以全面提高练习者的实战能力。

（3）练习中需要注意的事项

① 移步基本上采用并步。

② 侧身攻后应用交叉步扑正手。

③ 注意力格外集中，以提高判断、反应能力。

④ 尽量采用正手走动攻，实在来不及，可用反手过渡一板，之后迅速转为正手走动攻。

4. 练习法四：三点对两点

（1）练习方法

三点者全部采用正手走动攻球或拉弧圈球；两点者，反手位来球用反手打，正手位来球用正手打（包括攻、带、拉弧圈球等）。图 4-2-5 为双方击球的具体线路。

（2）练习意义

① 双方都需要移动击球，而且在走动中击球还需要控制击球落点，在一定程度上打破了主、陪练的界限，更大程度地调动了双方练习的积极性。

② 在以往的推、侧、扑练习中，扑正手这一板都是打直线，三点打两点的练习中，要求扑正手这板球打斜线，将其和以往的练习相结合，可以互相补充。

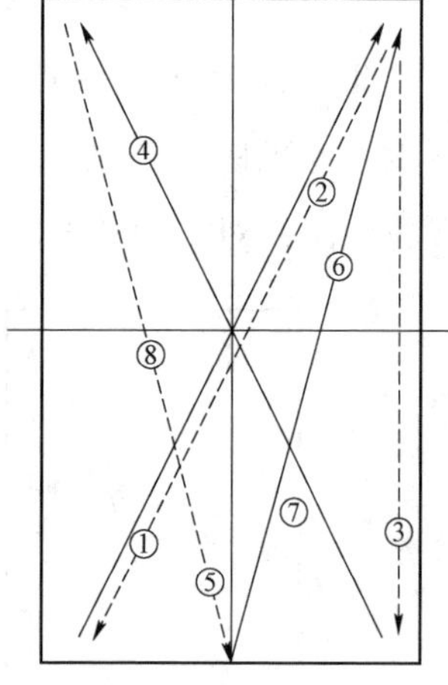

图 4-2-5　练习图

（3）练习中需要注意的事项

刚开始采用此方法练习时，可稍降低击球速度，待双方熟悉后，再逐渐加大击球力量和速度。

（三）长、短球的练习

1. 练习方法

在上面的练习中加进短球的内容，从有规律到无规律。这里的规律有以下两个含义。

（1）长短球的落点变化，如同线长短、异线长短。

（2）长短球变化的间隔时间，如一长一短、两长一短或无规律地变化

长短落点。

2. 练习的意义

（1）提高前后步法及其与左右步法的结合能力。

（2）把打台内、近台及中远台球的技术结合起来。

3. 练习中需要注意的事项

（1）手法与步法相结合。

（2）在练习中可结合旋转变化来提高效果。

（四）死线变活线的练习

1. 练习方法

从右方斜线对攻（拉）练习开始，渐至中路直线对练，又渐至左方斜线对练，再渐至中路对练，最后渐至右方斜线对练，以此类推。

2. 练习的意义

击球线路既有规定，又不是一成不变的，双方在走动中练习了所有的线路。

3. 练习中需要注意的事项

练习双方密切配合，开始时可适当降低速度、力量，以后再逐渐提高难度。

（五）互帮互助练习法

1. 练习方法

（1）男帮女练习法

一般情况下，男运动员比女运动员的技术水平高，男帮女可明显提高女选手的练习效果。

（2）高水平帮低水平练习法

请比自己水平高的运动员作陪练，以提高训练质量。

（3）按自己要求陪练法

请对方按自己的要求陪练，有目的地提高自己的某项技术或战术水平。

（4）模拟对手陪练法

找打法与自己将要进行比赛的选手十分相近者，模拟未来对手进行训练与比赛，以提高对未来比赛对手的适应能力。

2. 练习意义

利于进行有针对性的训练，提高训练质量。

第三节　乒乓球战术训练实践

一、乒乓球战术的训练方法

（一）单打战术的训练

1. 单一战术练习法

以多次比赛的实践为主要依据，将复杂多变的战术简化，总结成规律性的战术，并反复练习。具体应该根据战术的特点灵活地变通，切忌生搬硬套。举例说明，对付正手单面强攻者（包括弧圈与快抽），可归纳为先压反手大角，后调正手空当，再压反手的战术。

2. 设备扩大练习法

（1）加宽球台练习

将球台的一方改放一个半或两个台面，使台面加宽。该练习方法通常用来练习步法，能够达到增加脚步移动的距离和速度的目的。著名运动员邓亚萍常在多球练习时采用该练习法，这大大提高了她侧身和扑正手的步法。

（2）升、降球网练习

升球网和降球网的方法应用得好，往往能够取得较为理想的训练效果。

① 升网法

将球网稍升高（约 1 cm），练习既定内容。该练习方法能够达到增加攻球弧线的弯曲度的目的，因此，对于对攻球弧线过直者来说，其实用价值非常大。

② 降网法

将球网略下降，按既定内容进行练习。该练习方法在练习削球或搓球时，能够达到降低击球弧线高度的目的。

（3）在球网上加线练习

在球网上方加一根直线，要求双方击球皆从中间穿过（中间约为 5 cm）。该练习方法通常适用于对搓，往往能够达到控制弧线高度的目的。

3. 组织比赛练习法

（1）检查性比赛

可以通过以下两种形式进行检查性比赛的练习。

① 周末或每堂课后进行比赛，目的是熟悉全面技术，发现问题，及时纠正。

② 在小型公开赛或内部比赛中，用教练员规定的技术或战术比赛。

（2）紧张性比赛

紧张性比赛的练习方法主要有以下几种，具体可以根据运动员的训练水平和实际情况有针对性地选择和运用。

① 组织有观众观看的比赛，有意邀请运动员的家长或朋友参观，增加运动员的心理负荷。

② 擂台赛：5～6 人一组，只比赛一局，胜者继续打，败者下台等候轮转再战。

③ 升降台赛：两人一台，数台同时比赛，胜者挪向邻近的球台，败者降到另一方向邻近的球台，若干时间后，优胜者集中到前两台，失败者集中到后两台。可事先规定，依不同台号顺序决定奖惩。

（3）让分比赛

根据比赛目的和双方技术实力，规定一方对另一方让分进行比赛，如从 0:3 开始比赛，从 6:9 开始比赛。该训练方法能培养运动员在比分落后时不气馁的顽强作风，对运用战术的能力起到积极的促进作用。另外，这种方法还适用于双方实力差距较大的内部比赛，能够起到督促实力较弱的一队的积极作用。

（4）适应性比赛

在进行适应性比赛时，为了能够更好地为正式比赛奠定基础，需要注意以下两个方面。

① 模拟比赛的规模接近将要举行的比赛，比赛方法、球台、球等皆应与真正的大赛一致。

② 模拟比赛的环境应与将要举行的比赛的环境接近，如地理、气候等条件。

4. 用意念打球的练习

（1）完全按照自己的意念进行练习

想象对手击出各种球，想象自己做出各种相应的快速还击动作。也可仅想象自己做快速手法或步法的练习。这种方法会让练习者对战术的整体性有一个印象，对于战术的运用非常有帮助。

（2）通过假想各种对手，练习相应的战术打法

脑中想出对手击出各种球，自己做相应的回球动作。这种方法对于提高战术运用的熟练程度非常有效。

（3）将意念与练习有机结合起来

练球时，利用捡球等时机（或有意稍停一会儿）回忆动作，然后再练，切忌一味机械式地练习。应回忆正确动作的肌肉感觉，检查击球失误时的动作错误，找到改正方法。

（二）双打战术的训练

乒乓球双打战术的练习方法主要有以下几种，要求根据实际情况和需要进行有针对性的练习，以取得最佳习练效果。

1. 双打战术训练一：一对二定点

一人对两人的定点训练方法如下。

（1）定点击球练习。

（2）可限制左或右半台区域练习。

（3）半台对全台练习。陪练方在左半台或右半台回击到主练方的全台。

2. 双打战术训练二：双人定点

陪练方两名选手、主练方两名选手进行对练。陪练方两名选手可根据以下方式进行练习。

（1）有序对无序。陪练方不受双打击球次序的限制，可任意一人连续击球。

（2）一点对两点练习。

（3）两点对一点练习。

（4）两点对两点练习。

3. 双打战术训练三：双人不定点

两人对两人的不定点训练方法如下。

（1）攻对攻练习。

（2）守对攻练习。

4. 双打战术训练四：发球和发球抢攻

发球和发球抢攻的练习方法主要有以下几种。

（1）发球专门练习。要不断提高发球的质量，增加球路的变化，将球准确地发至规定的落点范围内。

（2）发球与抢攻相结合的练习。

（3）采用比赛或计分练习，进一步提高发球和发球抢攻的质量。

5. 双打战术训练五：接发球和接发球抢攻

接发球和接发球抢攻的练习方法主要有以下几种。

（1）接发球专门练习。一般采用二人对练的方式，陪练方发球，主练方接发球，将球接至规定的区域内。

（2）接发球抢攻专门练习。此练习可采用单人陪练，也可采用双人陪练。

（3）采用比赛或计分练习，进一步提高接发球和接发球抢攻的质量。可组织专门的接发球抢攻比赛或计分练习。

6. 双打战术训练六：双打中多球训练

双打中多球训练的方法主要有以下几种。

（1）击打目标练习。

（2）双打走位练习。练习者轮流在移动中还击，主要任务是练习走位。

（3）双人移动中攻下旋练习。

（4）双人移动中扑攻练习。

（5）双人移动中两面攻练习。练习者在移动中以正手或反手还击。可结合推、攻内容进行练习。

（6）接发球练习。大多采用一人发球一人接发球的方法。要求判断旋转、落点，采用摆短、挑、点等技术接球。

（7）搓中突击转连续攻击练习。

（8）接长短球练习。

（9）正反手削球练习。

（10）削中反攻练习。

（11）扩大防守练习。

（12）轮流发球练习。大多采用单人多球发球，要求旋转、落点、弧线和速度质量俱佳。

（13）综合练习。陪练员用各种手法供出不同落点的球。练习者根据来

球的不同性能，采用相应的技术还击。

二、根据目的采取不同创新训练方法

（一）主动进攻，提高速决能力

为加强运动员的主动进攻能力，促进其速决能力的提高，可通过以下方法进行练习。

1. 单套发球

采用单套发球找机会进行抢攻和连续扣杀的练习可促进运动员单套发球技术质量的提高，这对于战术效能的充分发挥是非常有利的。

2. 多样发球

采用多样发球找机会抢攻和连续扣杀的练习可促进运动员多样发球的变化能力。

3. 其他战术结合进攻

利用单套或多样发球，结合其他战术进行进攻的练习。在发球后，找不到合适的进攻机会影响主动权的获得，通过该练习，运动员可学会用不同的打法对对方进行控制，从而为之后的进攻创造良好的条件。

4. 组织竞赛

组织发球抢攻比赛，促进运动员实战能力的提高。

（二）快速变化，创造进攻条件

为促进运动员打法变化能力的提高，为进攻创造好的机会，可通过以下方法练习。

1. 单套战术中的变化

在单套战术训练中，进行结合速度、力量、旋转变化伺机扣杀的练习。采用该方法进行练习时，要重点利用战术的多变性将对手的节奏打乱，为自己创造良好的进攻条件。

2. 综合战术中的变化

在综合运用战术时，突然结合速度、力量或旋转等多样性的变化，创造更多的进攻或反击条件。

（三）提高事件应变能力

为提高乒乓球运动员的快速应变能力，可通过以下几种方法进行练习。

1. 攻防结合

单套战术训练中攻防结合的练习可促进运动员单套战术中攻防结合能力的提高，从而使运动员在应对各种突然变化时具有良好的适应性。

2. 先防后攻

在对方发球的情况下，该练习可提高运动员的防御及应变能力，能够使运动员在比赛中从容应对各种困难。练习时，先用防守回接对方的发球，有目的地把球送到一定位置上，利用对方的进攻来为自己的防御提高难度。

3. 又防又攻

对方主动发球时，运动员攻防结合的能力直接影响防守效果和之后的主动进攻，采用该练习方法可增强运动员的攻防结合能力。

（四）提高战术质量，培养特长

为培养运动员的特长战术，提高其战术质量，可采用以下方法练习。

1. 单套战术的专门练习

该练习可以使运动员全面掌握某一套战术的各种运用方法，并能够使运动员高质量地运用这些战术方法。例如，在对攻或拉攻战术中，“攻两角”是一个完整的套系战术，包括的方法有双边直线，对角攻击，紧盯左角、突袭右角，紧盯右角、突袭左角，逢斜变直，逢直变斜等几种。在“攻两角”的战术练习中，运动员掌握的方法越多，在比赛中就越能够随机应变，从而获得更多的机会。

2. 单套战术提高特长的练习

运动员依据自己的技术特点有针对性地掌握与学习某些战术的具体运用方法，久而久之就能够将其发展成自己的特长，使之变成自己的优势。例如，在“攻两角”战术中，不同运动员的技术能力有差异，如一些运动员擅长直线，一些运动员擅长斜线，运动员在对各种具体方法有了较为全面的掌握后，可以根据自己的技术特点来选用对角攻击或双边直线的方法进行重点练习，使之成为自己的特长和得分的关键部分。

第四节　乒乓球不同练习法在实践中的应用

乒乓球练习法属于教学范畴的一种实用方法，即在教学中根据任务有目的地反复练习某项动作，从而使运动员掌握的方法。练习法虽然种类繁多，但其特性极为明显：其一是任何练习法都需要持续一定时间，且需要根据实际情况调整练习频率，其二是每一种练习法都需要有一定的目的，需要完成和解决一定的问题。

练习法需要遵循循序渐进、逐步提高的宗旨。首先以简单的要求提高运动员对练习法的兴趣，之后逐步加大难度，达到提高各种技术动作的目的。因为各种练习法需要不断重复进行，所以会比较枯燥和无聊，但对于运动员来说，各种练习法能促进运动员身体形成动作记忆，从而形成良好的本体感觉，同时能加强运动员对各技术动作的理解深度。练习法其实可以将乒乓球运动中大多数的训练方法囊括其中，比如常见的多球训练法就属于练习法的一种，这里我们介绍几种练习法，以方便教学和帮助运动员自主练习。

一、徒手练习法

徒手练习法是较为基础且应用频率较高的一种练习方法，即手持球拍却不进行击球，以此锻炼各种技术动作，熟悉技术动作的过程、感觉和挥拍的轨迹。徒手练习会让运动员将注意力集中在技术动作上，有利于运动员记忆正确的技术动作，若能配合表象训练法，则能促使运动员快速形成动力定型，并改正错误动作，更快地掌握规范的技术动作。徒手练习法较为实用的一点是可以对复杂的技术动作进行分解，能有效降低掌握技术动作的难度，也有益于正确和快速掌握技术动作。

（一）单一技术动作徒手练习

在初步接触乒乓球运动时，运动员对乒乓球技术动作并不了解，不论是对其中的原理还是对关键动作以及特点，都处于懵懂状态。单一技术动作徒手练习的目的是让初接触乒乓球运动的运动员快速了解技术动作的特点，在头脑中建立正确的动作概念，然后通过简单而单一的反复练习和教练的示范及对不规范动作的纠正，掌握正确的技术动作。单一技术动作不仅包括手法技术动作，还包括基本步法的技术动作。单一技术动作徒手练习主要以反复练习单一的技术动作或分解的单一技术动作为主，可以更直观、更迅速地对错误和问题进行改正和解决，能有效帮助运动员打牢技术动作的基础。

（二）组合技术动作徒手练习

当单一技术动作徒手练习拥有一定效果之后，比如技术动作已经足够标准，就可以将两个单一技术动作进行组合进行徒手练习，比如推挡侧身、左推右攻等。随着运动员对动作熟悉度和掌握程度的提升，训练还可以结合步法将多个单一技术动作组合起来，提高步法和手法技术动作的衔接流畅度和熟练度。

（三）定点徒手练习

定点徒手练习就是在无球的状态下，想象来球落点固定不变，让运动员不用考虑球的落点问题，而将主要注意力集中在技术动作的正确性和标

准性上，从而有利于运动员快速掌握技术动作，为形成自身技术动作体系打下基础。定点徒手练习可从练习单一技术动作开始，然后练习组合技术动作，再加入一些变化技术动作的命令，以便练习某些技术动作的衔接，让练习过程有一定的节奏。

（四）移动徒手练习

移动徒手练习指在以上练习的基础上加入手法和步法的相互配合与衔接，比如将定点徒手练习中想象的来球落点进行变动，或定多点依次完成技术动作，从而提高手法和步法的配合以及增强移动的意识。

二、重复练习法

通过徒手练习法掌握一定的技术动作之后，运动员就需要逐步过渡到有球训练中，毕竟无球的徒手练习只是讲究动作的标准和正确，无法根据现实来球的情况进行调整，所以想真正熟悉并掌握技术动作，就不能只靠徒手练习法，还需要将其和有球练习有机结合。重复练习法是指在一些固定条件的基础上进行反复的练习，可以将其看成徒手练习法的升级版。

重复练习法需要遵循循序渐进的原则，比如先练习单一技术动作，保持供球线路、落点、节奏、力量等相对不变，让运动员快速适应来球和回击的技术动作，对其有一定掌握后，再变化某一条件，让运动员能更精细化地感受技术动作的变化，同时熟悉来球的变化。重复练习法可以作为徒手练习法向有球训练的关键性过渡，让运动员能用正确、标准的技术动作完成击球，当增加来球变化后，还能让运动员快速适应乒乓球运动的特性，从而真正掌控技术动作。不过重复练习法较为枯燥，容易降低练习者的兴趣，所以可以将其和其他能提升兴趣的练习法结合使用。重复练习法对供球者的水平要求比较高，毕竟每一次供球都需要将球打到准确的点位，否则容易因为供球落点不准致使练习者动作走形或错误，若不及时纠正，甚至会造成练习者的错误技术动作动力定型，拉低练习效果。

三、循环练习法

循环练习法偏向训练身体体能，同时能训练技术动作和步法动作。循环练习法即设定两个有一定规则和局部性以及针对性的位置，让练习者通过一定的手段和方法在两者之间反复循环，形成一个闭环，从而达到提高身体素质以及巩固技术动作的目的。比如，可以设定在球台一端模仿某个具体动作，如正手攻球，首先手扶球台进行推撑，之后俯卧抬腿，再利用并步和跨步沿球台边线挪动到球台对面一端，然后进行正手攻球模仿，之后重复以上动作，形成循环。这种练习法能提升训练密度，可以提高运动员的身体素质，同时能有效发展某个专项素质和技术动作。在循环过程中需要注意每个动作尽量做到符合标准，从而提高技术动作的质量和稳定性，对提高耐力和巩固动作质量起到很好的作用。循环练习法以练习者不至疲劳为界限，属于次极限强度的训练方法，所以一定要控制好循环的量，避免因运动员疲劳而产生机体损伤。循环练习法可以采用不同的、较为多变的内容方式，分块对运动员的身体机能和技术动作进行锻炼，可以根据不同的场地、器材条件、人群等设计循环练习内容。另外，需要注意其中的动作项目应以较为简单且容易掌握的动作为主，可以促进练习者快速熟悉和掌握这些动作。

四、变化练习法

变化练习法包括很多已有的训练模式，相应地也可以根据实际情况进行内容设定，比如可以针对运动员的某一项弱点技术动作或某几项弱点技术动作进行加强性练习，如将来球的节奏、落点、旋转、速度和力量设定为按一定规律变化，也可以设定为随机变化。在初期可以以有规律和单线

的变化为主，先让运动员进行熟悉和适应，然后逐步提高难度，进行多线或无规律的变化。多线和无规律的变化练习模式已经接近实战状态，可以提高运动员对实战的适应能力和加固技术动作的衔接。当然，变化练习法对供球者的要求极高，最简单的变化练习法就是陪练训练，以锻炼自身特点击球，类似于乒乓球的实战过招，让练习者体会到真正的实战感觉，提升运动员的整体素质和比赛适应力。另外需要注意的是，采用这种练习法的运动员需要拥有较为扎实和牢固的技术动作基础，否则变化练习法会影响运动员技术动作的准确性，甚至会令练习者的技术动作发生变形和错误。因此，可以将变化练习法视为练习法中较为专业和高级的练习方式，主要针对已经具有完备基础的运动员，对其进行针对性的提高。

以上各种不同的练习法虽然难度不同，但依旧有其练习的规律，比如初期阶段需要通过示范和讲解让练习者熟悉基础，可以不用完全理解技术动作的规律，主要为了提升练习者接受外界刺激的能力，属于简单的泛化熟悉过程，在这一阶段最重要的是实现动作的标准化，为后续训练打下扎实的基础；中期阶段逐渐进入练习的正轨阶段，练习者已经对乒乓球技术动作的内在规律有了一定理解，甚至能在练习中有意识地将身体的多余动作或不协调动作逐步消除和改正，能较为顺利和连贯地完成整套技术动作，此阶段练习者已经初步建立了动力定型，只是不够稳固，还需要加强和反复练习，所以练习时要注意主动改正一些较为细微的动作错误，让动作更为精准；后期阶段属于巩固和提高阶段，此时练习者的运动条件反射系统已经基本稳固，开始逐步形成肌肉的动作记忆，所以能出现一定的动作自动完成的现象，此阶段主要以巩固条件反射系统以及动作记忆为主，并在巩固的过程中逐渐提高自身对各种情况来球的判断和反应能力，形成自身独特的动作系统和风格。

这三个阶段既是递进的，又是相互促进的，而且最终的巩固和提高阶

段并非运动员训练生涯的一个阶段，而是贯穿其整个运动生涯。当技术动作达到一定水平后，再想进行提升就需要依靠一定的经验和对现实情况的把握，需要具体情况具体分析，就如同乒乓球运动的规则一直在发展，若仅靠以前的技术手段和战术方法，很可能会被对手快速甩开，因此只能不断进步、不断提高、永不停歇、不断努力，保证自身的能力维持在高水平，并跟上变化的步伐。

第五章

乒乓球教学方法与模式的创新

本章讲述了乒乓球教学方法与模式的创新，主要分为三部分，分别是乒乓球运动教学的原则、乒乓球运动教学的方法创新、乒乓球教学理念及模式的创新。

第一节　乒乓球教学的原则

一、直观教学原则

学生在学习乒乓球动作技能时，多种感觉器官都要不同程度地参与活动，要将各种感觉器官的作用充分发挥出来。因此在乒乓球教学过程中，教师要采用直观的方法和手段将学生的思维调动起来，使其快速掌握动作技能，这就是乒乓球运动教学中的直观教学原则。

高校乒乓球教学中经常采用的直观教学手段如下。

（1）最主要的直观教学手段是乒乓球教师的示范。

（2）教师在示范击球动作的过程中放慢速度，配合语言讲解，使学生快速产生正确、直观的动作概念。边打球示范边讲解是乒乓球教师需要掌握的一项重要技能。

（3）采用阻力或助力的方法让学生对正确动作的肌肉感觉加以体会。具体实施这些方法时，教师可以将学生的手臂握住，使其徒手击球姿势摆正，然后准确快速击球。教师也可以将一些阻力施加到学生手臂的某一部位，使其动作幅度被限制，对其错误动作进行纠正。

（4）教师将辅助击球装置运用到教学中，对击球动作进行模拟，使学生从徒手练习慢慢过渡到台上练习，获得真实的肌肉感觉，这能够帮助学生快速形成动作技能，如用打吊线球的方法进行搓球或削球练习，用打支架球的方法进行抽球练习等。

（5）教师在课堂上播放教学录像片，使学生获得技术动作的表象，形成正确的动作概念。

二、有针对性教学原则

每个学生的学习基础不同，再加上各种客观因素的影响，导致学生对教学内容的理解能力和程度也有差异，因此在高校乒乓球教学中，教师不仅要统一要求，还要因材施教，区别对待。将区别对待原则运用到乒乓球教学中需注意以下几点。

（1）在统一要求的基础上区别对待，保障教学任务的完成。

（2）对不同学习水平的学生提出不同的学习任务，使其通过练习不同的内容而完成各自的任务。

（3）对基础好或进步快的学生提高要求，促进其知识和技能的丰富与完善。

三、理论与实践结合原则

在高校开设乒乓球实践课教学，主要是为了让学生将乒乓球技术动作技能掌握好，但因为课时数有限，所以只有贯彻精讲多练的原则，才能使学生在较为有限的时间内将精细分化的乒乓球技术动作学会并牢牢掌握。

“精讲多练”中的“精讲”是对教师提出的要求，要求教师在语言讲解中做到精确、简练易懂，而且要带有情感，如此可以使讲解的效果大大提高，而且省下的时间可以让学生进行练习，这是“多练”。

教师讲解的方式有很多，按照讲解时机，可以分为在学生练习时讲解、

学生停止练习时讲解等方式；按照讲解范围，可以分为集体讲解、小组讲解和个别讲解三种形式。

学生练习时，一般按照“模仿动作—分解动作—完整动作”的顺序进行。

四、宽松有序原则

宽松有序原则是成功教育的重要因素。宽松有序原则强调乒乓球教学系统的开放性，要求营造宽松的教学环境，使学生在良好的环境下学习、思考，从而实现对学生的实践能力和创新意识进行培养，促进学生全面发展。

在高校乒乓球教学中贯彻宽松有序原则，需做到以下几点。

（1）更新教学观念，树立宽松有序的教学意识。宽松不是一味地给学生无限的自由，在宽松的教学中，教师要强化有序，使教学过程井然有序，让学生在宽松的环境中逐渐认识、重视“有序”，做到自觉规范自己的言行。

（2）培养学生的好习惯，形成良好的教学规矩。在高校乒乓球教学中，教师应在教学中形成自己独特的管理模式，培养学生的习惯，提高学生学习的自觉性。

五、巩固强化原则

在乒乓球教学过程中，学生要不断练习所学技术，从而巩固与提高技能。贯彻该原则应做到以下几点。

（1）给学生留出练习时间，使学生在不断练习中形成正确的动作概念，实现动力定型的强化。

（2）运用预防和纠正错误动作的教学方法，直观地对正确动作与错误动作进行对比，培养学生识别错误动作的能力和改正错误的意识。

（3）教师在不同教学阶段要为不同层次的学习制定技术动作的完成标

准，当学生的技术动作达到规定标准后，再布置较难的技术练习任务，使学生的动作技能水平不断提高。

（4）加强考核，促进学生所学知识与技能的巩固提高。

第二节　乒乓球教学的方法创新

随着体育教学的深入改革与不断创新，许多新的教学方法被创造和设计出来，并在实践教学中取得了良好的效果，有效地提高了体育教学的水平与质量。在乒乓球教学中，为了取得更好的教学效果，应该结合乒乓球运动的特点并合理运用创新性的体育教学方法。下面主要分析几种适合在乒乓球教学中运用的创新性教学方法。

一、程序教学法

（一）程序教学法概述

程序教学法指的是教师根据技战术的要求，先采用系统方法将技术编制成若干步，然后要求学生先学习前一步的技术，等达到规定的技术标准后，再学习下一步的技术，最终高质量地完成技术教学任务。从系统论的角度来看，采用乒乓球程序教学法进行授课的具体操作程序如图 5-2-1 所示。

乒乓球程序教学法具有以下几个基本特点。

（1）按系统方法安排教学程序，有助于循序渐进地实施教学内容，使学生由浅入深、由易到难地学习与掌握乒乓球技术，学生在这个过程中也可以了解自己的学习进度和与预期学习目标的差距，从而更有目的地学习。

（2）真正贯彻了区别对待的教学原则。基础好的学生只需要较短的时间就可以达到某一步的技术标准，进入下一步的学习；水平一般的学生需要刻苦学习一段时间才能达标，然后进入下一阶段的学习；基础差的学生为了不落后，会更加勤奋努力。总之，程序教学法可以激励不同技术水平

的学生。不同层次的学生练习适合自己水平的内容，这是区别对待教学的表现。

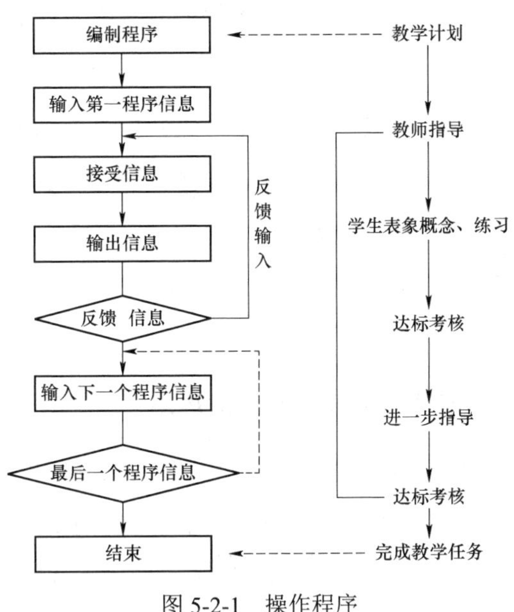

图 5-2-1 操作程序

（3）加强了考核的信息反馈环节，将学生学习的积极性有效地激发出来。乒乓球运动的运动量较小，打球方式有很多变化，所以学生对乒乓球课有浓厚的兴趣，但他们在学习乒乓球技术时不喜欢被过分约束，这会对其正确动作技能的形成造成影响，如果出现错误动作，他们也不能及时改正。运用程序教学法会考核学生每一步的学习内容，这就能及时发现学生的错误并迅速改正，学生也能因此养成严格要求自己的好习惯。

（4）能够培养学生独立完成作业的能力。在乒乓球课上，教师不可能花很多时间来专门辅导某个学生，学生主要还是要靠自己努力来掌握技术，独立完成每一步的练习，一步步向最终的目标靠近，这就有效培养了学生的独立思考与学习的能力。

（5）能够培养学生的教学能力。在乒乓球技术课上，基础好的学生快速掌握了技术后，还要帮助其他同学，这样不仅能够巩固自己的学习所得，也能帮助同学进步，配合教师尽快完成教学目标。在程序教学法的实施过程中，最初学生都在一条“起跑线”上，教师提出统一要求。随着不断地练习，基础好的学生与基础较差的学生在学习进度上就会拉开距离，经过达标考核后，达到某一步标准的学生会进入下一学习阶段，此时教师只对这些学生进行指导。后进学生在某一步中达标后，由先进学生指导他们练习下一步的内容。教师一边观察，一边辅导，这对先进学生来说是非常好的锻炼机会，他们通过担任“教师”一职，可以形成一定的教学能力，对于将来可能走上教师岗位的学生来说，这些机会能够为其顺利适应教师工作奠定基础。

（二）程序教学法在乒乓球教学中的运用

在乒乓球教学中运用程序教学法，一般要按照以下步骤进行组织实施。

第一，在乒乓球教学的开始阶段，鉴于不同学生的乒乓球运动经历和基础水平不同，要先组织一次针对所有学生的测验，记录测验结果，以便与以后的成绩对比，从而了解学生的进步情况和学习接受能力。初始测验主要包括以下内容。

（1）发球。看学生是否可以按规则要求发球和掌握的发球方式。

（2）推挡球（有三个回合，统计各回合板数）。

（3）正手攻球（有三个回合，统计各回合板数）。

（4）搓球。看学生是否能够控制好弧线，同时要统计板数。

第二，要求所有学生一次课完成第一个程序内容，以传统教学为主，先由教师讲解示范，然后学生练习，教师巡回辅导。第一程序内容不需要学生在台上练习，所以很容易掌握。

第三，第二个程序开始，教师先示范，学生台上练习，此时学生的水平差别就会显示出来。教师进行个别指导，观察学生掌握技术的程度，适时对学得快的学生进行测验，学生达标后，教师指导其学习下一步内容。

第四，让学得好、学习进度快的学生指导学得慢的学生练习新的内容，教师提供辅助。

第五，在每节课开始时，教师对处于不同学习进度的学生，从低到高进行配对安排，明确提出本次课要重点解决的技术问题、易犯错误及纠正方法，并对不同学生提出不同要求，使他们清楚自己的目标与方向，也便于对自己的练习效果做到心中有数。教师在课堂上选择适当时机组织升级达标测验，让学生逐步完成每一步的练习。

第六，在教室张贴学生的学习进度表，并在学生学习进度表上详细登记每个学生完成每一步学习内容所用的时间，以全面掌握全体学生的学习进程。

第七，观察学生的学习进度表，适机讲授乒乓球技术理论，让学生将理论知识运用到练习中，用理论指导实践，提高学习效率。

二、领会教学法

（一）领会教学法概况

领会教学法注重培养学生的“战术意识”，在整个教学过程中使用这一教学方法，能够将学生素质与技战术的培养有机结合起来，促进学生全面发展，这是领会教学法与传统教学法相比所具有的优势。

在传统教学中，教师自顾自地教学，一切都按部就班地进行，教师不主动去了解学生的掌握程度、学习情况，从而导致学生无法自主学习，学生渐渐失去对课程的乐趣。领会教学法则不同，教师让学生学习一段时间并掌握一定技能后，再根据学生的实际情况进行针对性的技术教学，引导学生将所学技术灵活运用于实战中，提高学生的技术运用能力，促进学生进步，使学生体会到成就感，从而使其学习兴趣更浓厚，自主性更强。

在实施领会教学法的特定教学阶段，教师会不断组织训练与比赛，使学生在反复练习和比赛中巩固技术，从而灵活运用技术动作。

领会教学法注重培养学生的判断和决断能力，同时培养学生的认知能力，使学生清楚自己的学习情况。教师根据学生的学习效果不断改善教学过程，严格把控各个教学环节，更有目标地实施教学，争取让所有学生都能获得最大程度的进步。

（二）领会教学法在乒乓球教学中的应用

在乒乓球教学中科学合理地采用领会教学法具有重要意义。为了充分发挥这一教学方法的作用，切实提高教学质量，需要从以下几方面着手来提高实践应用效果。

1. 教学理念要与时俱进

在体育教学中，教学理念是非常重要的精神支撑，因此在乒乓球教学中要不断更新教学理念，引进优秀的教学理念，与时代接轨，改造传统教学理念中不合理的因素，充分发挥领会教学法的优势，营造和谐的教学氛围，大力培养学生的实战能力，提高乒乓球教学水平。

2. 提高教师的综合素质

领会教学法在乒乓球教学中的作用是通过乒乓球教师的实施而实现的，该方法的实施效果与乒乓球课的教学质量直接受乒乓球教师综合素质的影响。不断提高乒乓球教师的综合素质，能够保障良好的教学效果。培养教师的综合素质要从以下几方面进行。

（1）提高入职门槛，在新教师考核中将综合素质作为重点，争取将全面发展的高素质优秀教师聘请到学校。

（2）组织乒乓球教学赛课，规定教师采用领会教学法进行教学，这有助于激发教师对领会教学法的探究热情，也能为乒乓球教师之间的交流提供平台，同时增强乒乓球教师的竞争意识。

（3）建立培训体系，对乒乓球教师的执教能力牢牢把关，进一步提高教师实施和应用领会教学法的能力。

3. 创新教学方式

教师要加强对乒乓球教学方式的创新，在乒乓球教学中引进先进的多媒体技术，培养学生的兴趣。如果一味将教师讲解作为主要教学方式，容易导致教学氛围枯燥，使学生失去学习兴趣。教师可以在乒乓球课堂上利用互联网3D技术以抽象的动画模拟来分解乒乓球动作，或采取仿真观摩战术的策略，使学生获得直观感受，提高学习兴趣。

4. 完善与优化教学环境

乒乓球教学的开展需要基本的教学场地，学校应在这方面加大资金与人力资源的投入，修建场地，购置器材与设备，不断改善乒乓球教学环境，使教师在良好的教学环境中更好地实施领会教学法，为提高教学效果而奠定物质基础。

在优化与改善乒乓球教学环境的过程中，最主要的是更新乒乓球器材、教材。现阶段，乒乓球器材设备陈旧、老化等问题在一些学校中普遍存在，这直接影响了学生学习乒乓球的兴趣，要在乒乓球教学中顺利实施领会教学法，学校要改变乒乓球器材设施条件的现状，购置新的教学器材，满足教学的需要。

另外，学校要及时更新乒乓球课程教材，以最新教学方法教授乒乓球教材中的内容，或者在课堂上引入多媒体教材，将现代信息网络技术充分运用到教学中，教师以教学内容、学生的接受能力、学校的教学条件等作为依据对网络资源中的图片、视频等多媒体形式灵活运用，直观、形象地解读乒乓球技术动作，活跃课堂气氛，从而更好地开展教学工作。

总之，领会教学法因具有强大的优势和突出的作用被广泛运用到乒乓球课堂教学中，成为乒乓球教学改革创新的重要路径之一。在乒乓球教学中实施领会教学法，符合当代学生的学习特点，能够促进学生学习效果的提升，培养学生的思维能力和实战能力，使学生树立全局意识，进而提高学生的综合能力，此外还能增强学生的体质，这与现代素质教育的理念相符。乒乓球教师应充分认识到领会教学法的意义，并进行科学的操作与实施，以良好的实践效果使推广这项教学方法更有说服力。

三、分层升降教学法

（一）分层升降教学法简述

分层升降教学法是在分层教学法的基础上调整教学层次的新兴教学方法。乒乓球运动的技术性很强，将分层升降教学法运用到乒乓球课程教学中，可根据学生的实际情况设定不同层次的目标，充分调动学生学习的积极性。分层升降教学法具有以下特点。

1. 学生是学习的主体

分层升降教学法要求教师从每个学生的不同特点出发实施有针对性的教学，在科学制定教学目标的同时，正确评价每一位学生，并进行区别对待，因材施教，促进学生全面发展。在这一教学方法的实施中，学生的主体地位得到重视，学生能充分发挥自己的主观能动性，积极主动地投入学习。经过不断努力，学生不仅完成了学习目标，还上升到了更高的层次，成就感倍增，而且更有信心学习后面的知识。

2. 教师要面对的新要求

分层升降教学法体现了因材施教的教学理念，该理念与该方法对教师提出了更高的要求，具体表现在以下几方面。

（1）教师需要详细了解每位学生的个人特点、学习情况，并在备课时多花一些时间和心思，基于学生的实际情况实施分层教学法。

（2）教师要严谨组织与实施教学，有效调节课堂教学气氛，严格把控学生的学习时间。

（3）教师要在课堂结束前对学生进行客观、准确评价，这就对教师的总结能力提出了一定的要求，教师要指出学生在学习中的普遍性问题，并引导他们改正。

3. 培养学生的竞争意识

现代社会中竞争无处不在，学校要适当培养学生的竞争意识，使其将来更好地适应充满竞争的社会环境，避免被社会淘汰。在乒乓球教学中运用分层升降教学法，可以培养学生的竞争意识。具体来看，在这一方法中，教师将学生分为不同的层次，不同层次和同一层次的学生之间都存在一定的竞争关系，教师要有意识地培养学生的竞争能力和适应能力。总之，在乒乓球教学中运用分层升降教学法，可提升乒乓球教学质量，提高学生的个人素质，促进学生全面成长。

（二）分层升降教学法在乒乓球教学中的运用

在乒乓球教学中，学生是主体，对学生层次划分的合理性直接影响教学效果。因此在开展具体的教学工作前，教师应合理设计教学内容，并进行动态调整，确保内容合理，能提升学生的层次和学习水平。在乒乓球教学中应用分层升降教学法，要贯彻系统性教学原则，循环控制整个教学流程，根据学生的学习情况确定升降幅度，为学生的后续学习打好基础。

具体而言，分层升降教学法在乒乓球教学中的运用和实施过程如下。

1. 根据技术水平进行分层

乒乓球教师应根据学生的乒乓球技术水平进行分层，并向学生说明实施分层升降教学的原因，让学生更好地接受分层升降的安排，避免学生出现抵触心理或不良情绪。另外，学生也要明确自己的学习目标，教师应多鼓励和辅导低层次学生，帮助他们掌握乒乓球技术，使其获得成功的体验。例如，为了充分展示分层升降教学法的功能和应用效果，教师在乒乓球课堂上对学生进行不同层次的划分，并在其他两位教师的配合下测试学生对反手推挡、左推右攻和正手发球这三项基本技术的掌握情况。根据学生在测验中的表现来打分，将没有达到平均分的学生分到 B 层，超出平均分的学生分到 A 层。

需要注意的是，在乒乓球教学中运用分层升降教学法，并不是拆分原教学班，而是从不同学生的实际情况出发采用不同的教学方式和考核方式来进行教学，从而激发学生的进取心与竞争意识，使学生为了进入更高层次而努力。

2. 制定不同层次的教学目标

分层升降教学法有非常明显的优势，不同层次学生的乒乓球技术水平虽然存在差异，但差异不是很大。教师可以针对不同层次的学生制定相应的教学目标，但要保证不同层次的学生经过努力后可以达到相应层次的目标，否则升降教学的功能无法体现。例如，A 组学生技术水平较高，在教学中，教师要通过竞赛、专项训练等方式为学生提供更多的时间和机会来锻炼乒乓球技能，从而使学生获得更高水平的提升。针对 B 组学生的教学应以基本技术为主，先让学生掌握乒乓球单个技术，再传授专项知识。学生熟练掌握某一技术后，还可以将这种效果扩展到其他技术的学习中，从而掌握更多的技术，这就显示出了升降作用，也提升了学生的技术水平。

3. 设计良好的教学组织形式

在分层升降教学中，教师多采用小组合作形式来组织教学，教师划分学习小组的主要依据是技术水平是否相似，水平相似的学生在同质学习小组，教师确定这一小组的学习内容和目标。教师也会将不同技术水平的学生共同安排到异质学习小组，让基础好、水平高的积极分子带动学习懒散、水平低的学生，帮助他们提高学习兴趣和学习能力，提高技术水平，这也能够对学生的团结协作能力进行培养。

4. 加强不同层次之间的交流

在实施分层升降教学时，不要将学生永久定格在一个层次中，教师需要适当调整学生的层次，这是为了提升学生的自信心和学习的积极性，突出升降效果。调整层次后，教师依然要区别对待，因材施教，加强与学生的互动，并鼓励不同层次的学生相互交流，主要是鼓励高层的学生帮助低层的学生，促进低层学生进步，从而实现共同进步，提高教学质量。

四、知情交融教学法

（一）知情交融教学法概述

知情交融教学法指的是在教学中采取一定策略，有效解决一些具体的教学问题，激发学生学习的热情、兴趣，调动学生的积极性，最终实现因境生情、以情促知、以知增情、知情互促、知情和谐的教学效果的方法。在教学中运用这种教学方法，需要教师、学生和教材之间形成有效配合，缺少任何一个因素都无法实现预期效果。因此，在乒乓球教学中采用这一教学方法，必须站在学生角度讲究方式方法。

在教学实践中，无论采用哪种教学方法，都是为了取得更好的教学效果，实现教学目标，如果效果不好，预期目标没达成，则表明所采用的教学方法不合适或者教学方法的作用没有充分发挥。在乒乓球教学中采用知情交融教学方法是为了让学生更好地学习和掌握乒乓球技术，知情交融教学法与其他教学方法的区别在于其更加关注教学过程，不是为了达到教学目标而是在乎过程。在实施知情交融教学策略的过程中，还要密切关注师生之间的相处状态，观察教师对该方法的实施是否合理，学生对这种教学方法是否适应，只有不断观察，不断调整，才能在教学实践中真正实施好这个教学方法，发挥该方法的作用，实现更好的教学效果，达到预期的教学目标。

（二）知情交融教学法在乒乓球教学中的应用

要在乒乓球教学中很好地实施和应用知情交融方法，充分发挥这一方法的作用，需要做到以下几点。

1. 加强关注学生的心理特点

在乒乓球教学中，为了让学生更积极地投入学习和锻炼中，需要密切关注学生的心理特点，在此基础上将知情交融教学策略运用到课堂教学中，使学生对乒乓球课程产生浓厚的兴趣，在学习过程中获得快乐的体验。关注学生的心理特点是实施知情交融教学方法的前提，具体要从以下几方面来关注。

（1）关注学生各个阶段的特点。

学生的心理发展在不同阶段具有不同的特点，这从感知、记忆、思维、想象、情感、学习动机等方面都能体现出来，通过分析这些特点，可判断是否可以实施知情交融教学方法。

（2）关注学生心理发展的个体差异。

学生的心理发展有共性特征，也有个体差异，所以不同学生在学习中可能遇到不同的问题，而且掌握知识的能力也有差异，进行知情交融教育需要充分考虑学生的个体差异，满足不同学生的需求，以免影响学生学习的积极性。

（3）考虑学生团体心理特点。

学生团体心理特点是指学生在同一个学习共同体中学习后形成的团体心理气氛，也就是“心理场”。团体心理特点具有稳定性和规律性，具体表现在一同学习的学生的学习态度、交流方式等方面，良好的学生团体心理也是构建和谐教育环境的重要条件。

2. 遵循课程的客观规律

在不同的课程教学中需采取不同的知情交融教学策略，因此对学生的感知思维方式、情绪体验内容等提出的要求也有一些差异。在进行知情交融教育的过程中，要与教材的要求充分结合起来，按照课程规律进行符合教材特征的教学，从而保障教学的科学性和有效性。在乒乓球教学中，教师希望学生能打好乒乓球，掌握打球技巧，并让学生从中体会乐趣，培养想象力和创造力，这也是知情交融教育的目的。为了更好地实现该目的，必须牢牢掌握乒乓球课程的教学规律，不能太主观，否则就是对教学工作不负责任。

3. 灵活使用多种教学方法

在乒乓球教学中必须灵活实施知情交融教学策略，这样才能达到教学

效果的最优化，顺利实现教学目标。具体来说，在实施该方法时，要充分考虑实际需要，不能简单模仿，不能死板教条地只看教材，而要对学生区别对待，因人而异，因材施教。教师要用相对辩证的方式给学生传授科学知识，使学生在获取知识的同时积极思考。教师不能一味让学生积累学习的知识量，而应让学生掌握正确的学习方法和学习技巧。知情交融教学方法要求教师从教学内容出发灵活教学，使学生充分掌握知识与技能。

在乒乓球教学中，学生的学习方法与教师的教学方法同等重要，教师要采用科学的教学方法引导学生从被动学习转变为主动掌握和探索，这体现了学习方法的根本性转变。在教学过程中，还要培养学生的社会化精神，提高其社会适应性，使其在掌握多种学习方法的基础上更好地认识社会，适应社会。

4. 加强教师与学生之间的交流

师生间的沟通与交流是实现知情交融教学目标的关键，合理的沟通与互动可形成知情交融的教学氛围，使课堂氛围更加融洽。好的课堂教学环境又会给学生带来温馨舒适的感觉，使师生关系更稳固和谐，这有助于调动学生的学习积极性，促进知情交融教学目标的实现，形成良性循环。

在乒乓球教学中，想要营造良好的知情交融教学氛围，需要教师充分发挥主导作用，深刻理解教材中的知情因素，保障教材的实施效果。同时，教师还要加强与学生的沟通，建立顺畅的沟通与互动机制，了解学生对教材内容的理解与掌握程度，从而更有针对性地组织教学工作。

第三节　乒乓球教学理念及模式的创新

教学理念是指教师在长期的教学实践中经过理性思考和客观总结而形成的一种教学思想与观念。在乒乓球教学过程中，教学新理念起着积极的引导作用，优秀的教学理念有利于提高乒乓球的教学效果。如果一味沿用旧理念，则会阻碍和制约乒乓球教学事业的发展，并影响乒乓球运动的进一步发展。在我国体育教学改革不断深入的过程中，乒乓球教学的发展取得了显著成效，这同时也要求教学管理者和体育教师要以现代化乒乓球教学的实际情况为依据，充分借鉴先进的教学思想，总结与思考针对乒乓球教学的新教学理念，从而适应体育教学深入改革的要求。下面重点阐析乒乓球教学的几种新理念和教学模式的创新。

一、教学理念的创新

（一）健康的教育理念

我国提倡学校教育要树立“健康第一”的指导思想，学校的体育教学全面承担起增强学生体质、促进学生健康的职责。学校积极响应号召，在体育教学中确立了“健康第一”的指导思想。促进学生的健康是学校体育教学的根本目标，也是最终目标。学校开展体育教学，必须以提高学生的健康水平为前提。

21 世纪，社会的可持续发展是建立在青少年健康体质基础上的。所以，在学校体育教学活动中，教师要对学生的健康状况给予高度的重视。乒乓球作为体育教学的重要内容之一，自然也要树立“健康第一”的教学理念。这就要求教师在设置乒乓球教学的课程结构时，不仅要将乒乓球的基础知识、技能、情感及行为等融入其中，而且要融入生理、心理、营养、运动、安全等相关学科知识，从而培养学生的健康意识，引导学生养成自觉锻炼的习惯，最终达到促进学生健康发展的目标。

（二）注重快乐教学

教师在组织乒乓球教学活动的过程中，要深入开发与挖掘乒乓球运动的快乐元素，使学生在学习乒乓球的过程中获得快乐与享受，这就是快乐教学理念。现代体育教学中，快乐教学是一个非常重要的教学理念。贯彻快乐教学的指导思想与理念，就要以情感为着眼点，以“寓教于乐”为根本，使学生在参与乒乓球运动的过程中热爱乒乓球，深入体验乒乓球运动

的乐趣，并将乒乓球运动作为自己终身体育锻炼的重要内容之一，长期坚持参与乒乓球锻炼，这是快乐体育理念的根本目的。在乒乓球教学过程中贯彻快乐教学理念需从以下三方面着手。

（1）使学生通过参与乒乓球运动增强体质，并从中感受快乐，这是快乐教育的基础。

（2）使学生通过参与乒乓球竞赛获取刺激与兴奋，体验成功的乐趣，进而提高其对乒乓球运动的参与积极性，这是快乐体育的心理体验。

（3）使学生在参与乒乓球活动的过程中学会尊重与理解对手，并从竞争与协作中感受快乐，这是快乐体育的社会体验。

（三）成功教学理念

时代的进步与社会的发展对 21 世纪新兴人才的素质提出了更高的要求。为了适应社会发展的需要，有关学者总结了一套成功体育教学理念，在这一理念指导下教育学生，能够促进学生社会适应力的增强，实现全面化发展。在乒乓球教学中贯彻这一新理念能够促进学生的全面发展。

成功教学理念是冲破传统体育教学思想束缚的重要突破口，它的建立是进行乒乓球教学改革的创新性尝试。尤其是在新课程改革与发展的环境中，通过新理念的建立与贯彻来实现由“应试教育”向“素质教育”的转变是非常有必要的。成功教学理念面向的主要对象是全体师生。

（四）合作教育理念

在体育教学过程中，如果学生的主体性没有得到充分的重视，会形成体育教师单向教学的习惯，师生之间的人际关系也不够密切，这会严重影响教学的效果。鉴于此，有关学者提出了合作教育的理念。提出这一教育理念的目的是塑造新型的师生关系，以充实教育理论。合作教育理念是现代社会进步和科技发展背景下的必然产物，它对提高体育运动教学效果具有积极意义。

在现代乒乓球运动教学过程中，为了更好、更恰当地处理师生之间的关系，要在合作教育理念的指导下对传统的师生关系进行改革，主张建立平等、和谐、健康的师生关系。贯彻这一教育理念，要求在乒乓球教学过程中将学生作为教学的中心与主体，体育教师发挥自身的主导作用，教师的主导作用与学生的主体作用是相辅相成的。在合作教育理念下，教师不能对学生的学习行为进行强制性命令，而是要发挥引导作用，引导学生主动进行乒乓球训练与学习。与此同时，在乒乓球教学过程中，体育教师要对学生的价值、尊严以及人格予以充分的尊重，鼓励学生充分发挥自身的潜能、发扬自己的个性。另外，体育教师的关键作用在教学过程中也是不能忽略的，体育教师要善于创造民主、和谐、平等的课堂环境，善于引导学生之间的合作学习，以此来提高学生的学习兴趣与能力。

（五）新教学理念

现代社会各方各面都开始向着多元化的方向与趋势发展，随着社会的不断发展与进步，如果没有进步的表现就是一种退步。因此，在乒乓球教学过程中，要对创新教学这一新理念进行深入的研究与贯彻，这也是推动乒乓球教学发展的重要手段。贯彻这一理念，可以使乒乓球教学走在时代教育的前沿。当前，世界各国都十分重视在学校教学中贯彻创新教育的理念，在这一理念的指导下培养创新型人才具有重要意义。创新教学理念重点突出了对学生的创造性与创新能力进行培养的特点，因此在乒乓球教学中贯彻这一理念需要以培养学生的创造性为主，并鼓励学生充分发挥自身的个性与创造精神。

二、教学模式的创新

（一）教学模式的革新思路

乒乓球教学模式是乒乓球教学的重要组成部分，对这一要素进行改革与创新，对提高乒乓球教学质量具有重要作用。目前，随着我国基础教育课程、体育教学改革的不断深化，传统教学模式的改革也越来越深入，相

关人员不断探索与试行新的体育教学模式，以适应新时代发展的要求。对乒乓球教学模式进行改革与创新的思路如下。

1. 教学目标方面

在乒乓球教学中，只有明确教学目标，才能明确努力的方向。传统教学目标不符合现代素质教育的要求，传统乒乓球教学理念一直没有更新，所以培养的人才也不符合社会的真实需要。因此，在乒乓球教学中首先必须优化更新教学目标，明确素质教育目标，以便在教学过程中更好地把握重点教学内容和技术。

第一，乒乓球教师要了解传统教学目标存在哪些弊端，了解这些弊端对实施素质教育的阻碍，然后在教学过程中摒弃传统落后的思想理念，勇于突破和创新，创建轻松、快乐的教学环境与氛围，使学生轻松愉快地投入学习中。

第二，在乒乓球教学中要引入一些现代化的，具有健身性、娱乐性的元素，选择对当代学生发展有积极影响的教学模式，然后因材施教，促进学生个性发展。

2. 教学内容方面

我国体育教学计划具有统一性，各校基本都是按统一的教学计划制定教学目标，所以教学目标基本相同，这反而导致体育教学内容千篇一律，毫无特色与新鲜之处，这样的问题自然也出现在乒乓球这一体育运动项目的教学当中。乒乓球教学内容单调乏味，缺乏创造性，不够新颖，学生的学习兴趣下降，而且也不利于培养学生的创新精神。

相比而言，体育强国的体育教育更为科学、先进。例如，美国的大学并没有统一的教学计划，学校都是从自身实际出发制定本校的教学目标，从而优化调整体育教学内容，调动学生学习的积极主动性，培养学生的创新意识与能力，这体现了教学的自由性和自主性。所以，要想真正实现乒乓球教学模式的改革和创新，就要不断调整与优化乒乓球课程的内容和结构，根据素质教育的要求不断创新，增强学生体质，培养学生的综合素质，实现学生全面发展的教学目标。

3. 师资队伍方面

在乒乓球教学过程中，教师的综合素质和业务水平直接影响甚至直接决定教学质量，因此在乒乓球教学模式的改革和创新中，要培养乒乓球教师的业务素质，提高其素质水平。在建设乒乓球师资队伍的同时，要努力培养教师的专业素养与创新能力，并将具有创新意识和掌握个性化教学方式的教师引进师资队伍中，优化师资队伍结构，提升教学水平。

学校要积极鼓励乒乓球教师的进修和再教育，并为其提供支持，使教师全面掌握教育、训练管理等相关知识，提高知识文化水平和实践能力。另外，还要鼓励乒乓球教师参加相关科研项目，培养其科研精神和创新能力，使其在教师岗位上更好地发挥作用，培养优秀的人才。

总之，在素质教育背景下，要加强对乒乓球教学模式的革新，乒乓球教师要学习先进教学理念，不断提升自己，完善自己，要充分尊重学生的主体地位，要不断优化课程结构，创新教学方式，进而提高乒乓球教学质量。

（二）乒乓球教学的新模式

1. 俱乐部教学模式

（1）俱乐部教学模式的特征

俱乐部教学模式的特征是，学生可以自主选择学习与练习时间，比传统教学更灵活，也更自由。俱乐部教学模式中通常采用分层教学法，比较重视学生的个体差异，鼓励学生发挥自主学习能力，通过分层教学来提高不同层次学生的学习效率。实施分层教学前，一般以俱乐部的要求为依据组织测试，然后根据测试结果分层，从而使不同学生的需求都能得到满足，同时提高教学效果。

（2）俱乐部教学模式的意义

乒乓球俱乐部教学模式倡导综合评价学生，因此学生不仅要有良好的

身心素质，掌握乒乓球基本技术，还要具备一定的体育素养，如良好的体育意识、体育精神等。这种教学模式可以使不同层次的学生充分参与乒乓球运动，可以使学生的学习兴趣、学生的自主性得到有效提高。

俱乐部分层教学模式的优势尤其能够从身体素质较差、乒乓球运动水平较差的学生中体现出来，因为这种教学方式可以激发基础较差的学生的自信心、上进心，使学生获得足够的动力来投入到乒乓球学习中。在俱乐部教学模式的实施中，没有硬性指标的限制，因此可以全面地照顾到有个体差异的学生，也能优化教学效果。

在乒乓球教学中实施俱乐部教学模式，还能充分利用学校的乒乓球场地设施、师资力量，合理利用各种教学资源，避免资源浪费。

（3）实施俱乐部教学模式的步骤

在乒乓球教学中实施俱乐部教学模式，要从以下几方面着手。

首先，树立正确的主导观念，确定教学方案。树立正确的主导观点主要是培养学生自主学习的习惯，进而培养其终身锻炼的意识，使其坚持体育锻炼。

其次，在具体教学中贯彻因材施教的教学原则，准确了解学生的身体素质、运动水平，然后划分层次，制定不同层次的教学目标，安排相应的教学内容。同时采用符合不同层次学生实际情况的教学方法，合理安排运动负荷，避免学生发生损伤而影响持续学习与锻炼。

最后，组织乒乓球比赛，培养学生的实战能力，巩固与提高学生的乒乓球技术水平，并通过观察学生在比赛中的表现了解其短板和问题，及时指导与纠正。

（4）俱乐部教学模式的质量考察

在乒乓球教学评价中，不仅要看学生的乒乓球技术水平，还要将学生的参与度、进步程度等作为考核指标。在学期教学结束时，组织期末考试，将考试成绩记录在学生档案中，学生档案中还应记录学生的身体素质、上课次数、学习态度、进步情况、比赛情况等信息，综合比较这些数据的变化，然后做出评价。

在乒乓球俱乐部层次教学中应明确制定层次与升降等级标准，通过考核来激发学生学习，并使学生充分认识自己的优缺点，发挥优势，及时改正缺点，提升短板，不断进步。

2.“微教育”模式

（1）“微教育”模式的内涵

“微教育”模式起源于美国，这是将现代化教学课程和现实意义上的实践结合在一起的一种教学模式，旨在通过关注细节来提高教学效果，这些细节往往是对“微教育”模式实施效果有重要影响的因素。在教学中采用“微教育”模式，能够充分调动学生学习的积极主动性，提高学生的学习效率。

（2）“微教育”模式的特点

第一，准确定位教学目的。“微教育”模式可以从学生的学习特点和实际需求出发，为其安排相应的教学内容，从而与学生学习的目的和需要相匹配。

第二，理论与实践有机结合。通过理论熏陶和实践培养提升学生的理论认知水平和实践能力。

第三，注重细节。采用角色扮演的方式对学生换位思考的能力进行培养，让学生在考虑问题时能够从特定角色出发，从而提升学生发现与解决问题的能力。

第四，采用反馈的方式了解学生的学习效果，如掌握知识的准确性、完整性等，及时采取措施来弥补学生还没有准确掌握的地方，促进学生不断进步。

（3）实施“微教育”模式的步骤

① 制订教学计划

乒乓球教学计划的制订要以一定的教育目的和培养目标为依据，科学

合理的教学规划是顺利实现乒乓球教学目的和良好教学效果的关键。

② 构建良好的教学环境

实施“微教育”模式，要构建良好的教学环境，只有保证教学设施数量充足、质量好，保证教学环境良好，学生才能积极主动地学习理论知识和参与实践练习，学生参与乒乓球运动的热情才会提升，学习质量才会得到优化。

③ 开展教学实践

在乒乓球教学中，要取得良好的教学效果，不仅需要教师组织好课堂教学，还要引导学生重视自主学习与练习，学生只有先学习理论知识，再运用理论指导实践练习，才能实现理论与实践的有机结合。“微教育”模式要求学生在学习相关理论知识后，进入运动场或赛场转变成运动员的角色进行乒乓球练习，然后观察与研究自己的练习录像，发现自己的不足，不断改进。

④ 开展教学评价与教学交流活动

在乒乓球教学中实施“微教育”模式，为了更全面地考量与评估乒乓球教学效果，可在乒乓球教学评价中将教师与学生的自我评价，教师与学生之间、学生之间、教师之间的相互评价等多种评价方式充分利用起来，全面客观地评价，及时发现教学中的问题，从而不断完善教学的各个环节，最终提高教学效果。此外，学校也要组织教师之间的教学交流活动，让教师取长补短，相互学习，共同提高。

⑤ 优化考核机制

在乒乓球教学中，为了解学生学习的真实情况，提高学习效果，要对学生进行不同形式的考核，这就需要建立与完善考核机制，合理安排考核内容，创新考核方式，充分发挥考核的作用，从而客观评价学生对乒乓球理论知识的掌握情况及技术水平。

总之，在乒乓球教学中实施“微教育”模式具有重要意义，教育工作

者有责任对该模式进行宣传与推广，使其在其他课程的教学中也能发挥作用。

3.“双养”模式

“双养”模式是以我国“全面实施素质教育，培养创造人才”的人才培养目标为指导思想，在教学过程中将培养学生的科学素养和人文素养统一起来的新兴教学模式。近年来，教育界十分重视“双养”模式在教学中的应用，该模式对乒乓球教学改革具有良好的借鉴作用。

乒乓球教学能够促进学生身心健康水平的提升、体育意识的增强、体育能力的提高和良好体育锻炼习惯的形成，能够培养全面发展的、满足社会需要的新型人才，也能够促进体育教学的进一步发展，推动素质教育和全民健身在教育领域的落实。从乒乓球教学的重要性以及乒乓球运动在我国的发展现状来看，将“双养”模式运用到乒乓球教学中是可行的，并且这对乒乓球教学具有重要意义，具体表现为为普及乒乓球运动奠定基础、扩展学生的知识面、培养学生的终身体育意识等。

在乒乓球教学中实施“双养”模式，具体从下列三个阶段来落实。

（1）发现阶段

发现阶段包括两个环节：提出问题和分析问题。

① 提出问题。该环节具体按以下步骤实施：身心准备，必要演示，导入新课，出示目标，设疑。上课时先进行热身活动，教师要严格监督，然后按上述步骤展开教学。

② 分析问题。每个学生都有自己的想法，教师要鼓励学生大胆提出自己的想法，尊重学生的想法，然后让学生进行自主分析评价，培养学生的思维能力。教师还可以从教学内容和学生的实际情况出发让学生扮演主角。这一环节既要注重对学生科学素养的培养，如科学知识、方法、态度和精神等，又要关注对学生人文素养的培养，如人文知识、人文精神和社会能力等。

例如，在正手击球教学中，让学生自由讨论，使其对轴动的含义、方法有深刻体会，让学生亲自参与练习，使其切身感受准确的动作和击球的瞬间速度。

（2）合作阶段

合作阶段包括以下三个环节。

① 独立学习

学生独立学习乒乓球技术会经过独立思考、模仿、反馈、不断练习等学习步骤。

② 师生对话

乒乓球教学中，师生要靠“对话”来进行沟通。这并非指言语的应答，而是强调师生之间应“敞开”“倾听”“接纳”“共享”，从而实现“精神互通”，这是一种全方位的沟通方式。这要求师生在教学中以各自的经验，用独特的表现方式，如思想碰撞、合作探讨、意见交换、心灵对接等，实现知识的共享与全面发展。

③ 小组学习

利用教学中的集体因素，让小组成员相互讨论，互帮互学，从而提高学生学习的积极性与学习质量，同时培养学生的社会性。一般在单元教学的开始对学生进行分组，明确各组的学习目标，使各组成员团结一致，凝聚一心，共同朝目标方向努力。在每个教学单元的前半部分，小组学习主要应发挥教师的指导性，在后半部分，小组学习主要强调发挥学生的主体性，此时教师起参谋作用。在单元教学的前半部分，小组学习以学习活动为主，在后半部分，小组学习主要是相互交流与练习。在单元教学结束时，各小组总结，或组织小组间比赛。

（3）反思提升与多元评价阶段

反思提升与多元评价阶段包括以下三个环节。

① 创设情境巩固提高

在学生基本掌握乒乓球技术后，教师创设班级表演、比赛等与教学内容相关的特定情境，以巩固与提高学生的技术能力。

② 诊断性评价

教师进行诊断性评价的同时，要鼓励学生自评和学生互评。

③ 单元形成性测验

在单元教学结束后组织测验，了解学生的掌握情况，为后面的教学安排提供参考。

以上三个阶段是实施“双养”教学模式的完整过程，这些工作对乒乓球教师的专业素质提出了较高的要求，教师不仅要掌握体育教学方法、教学技能，还要不断提高自身的综合素质，精益求精地探讨教材的科学知识，深入挖掘教材的人文教育意义。

4. 其他教学新模式

（1）“掌握学习”教学模式

“掌握学习”教学模式是指教师在课堂上给学生提供充足的学习时间，使学生自主掌握学习内容的教学模式。“掌握学习”教学模式的结构如图 5-3-1 所示。

在乒乓球教学中实施“掌握学习”教学模式时，乒乓球教师应依据不同阶段的教学目标划分教学内容，然后根据学生的实际情况由简到繁、由易到难、循序渐进地逐一实施各个单元的教学内容，每结束一个单元的教学，要做形成性评价，了解每个学生的掌握情况，及时发现并解决学生在学习中普遍存在的问题，实施完所有单元的教学内容后，最后进行总结性评价，整体了解学生的学习掌握情况，促进学生进步与提高。

在乒乓球教学中运用“掌握学习”教学模式，为提高运用效果，可参考图 5-3-2 所示的教学程序。

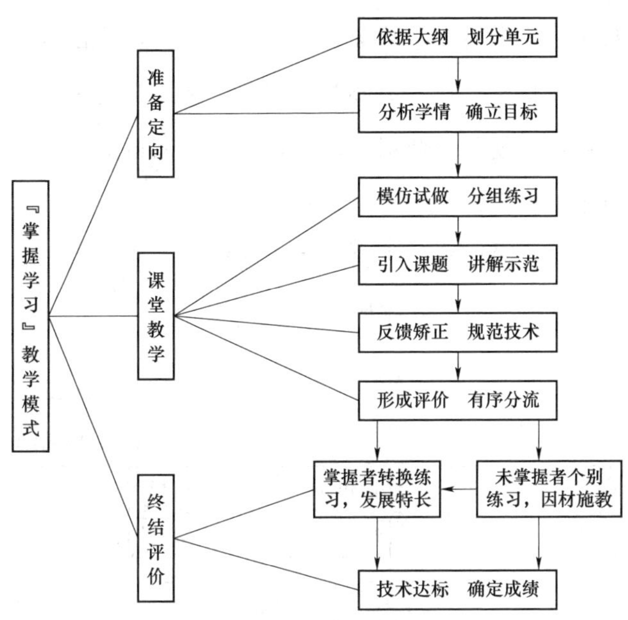

图 5-3-1 “掌握学习”教学模式的结构

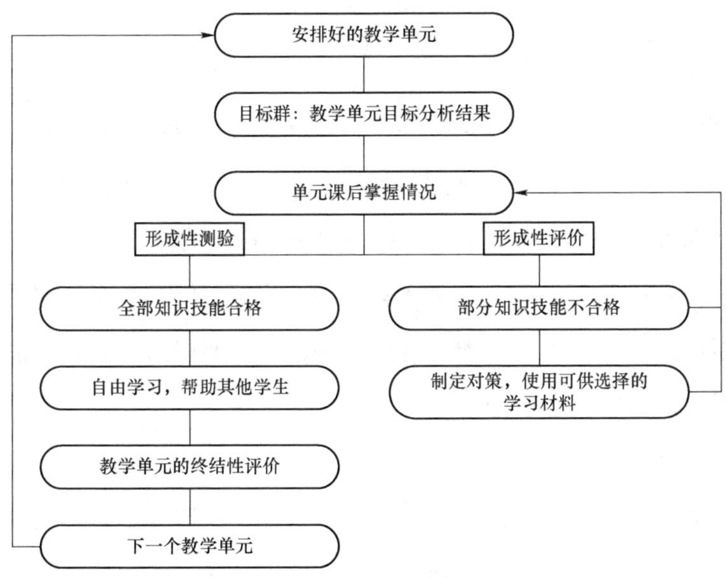

图 5-3-2 “掌握学习”教学模式的教学程序

（2）成功式教学模式

成功式教学模式指的是乒乓球教师引导学生制定符合自己特点和实际情况的乒乓球学习目标，然后鼓励学生努力，指导学生学习和练习，从而使其顺利完成目标，使其体验成功的喜悦感，提高自信，进而向更高层次的目标努力的教学模式。

成功式教学模式在培养学生自信心方面发挥着非常重要的作用，将其运用到乒乓球教学中，教学程序如图 5-3-3 所示。

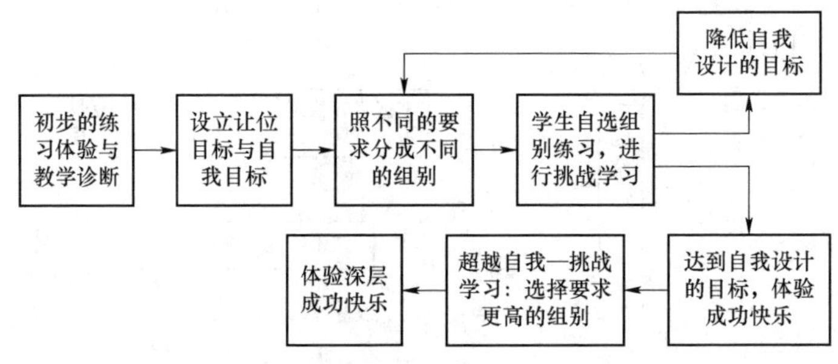

图 5-3-3　成功式教学模式的教学程序

（3）案例学习教学模式

案例学习教学模式指的是乒乓球教师选择与实施典型的乒乓球教学内容和教学方式，使学生从个别到一般，全面掌握具有规律性的乒乓球知识与技能，从而培养学生的自主学习能力和探索能力的教学模式。

如图 5-3-4 所示，这是在战术教学中运用案例学习教学模式的操作程序，在乒乓球战术教学中可参考这一程序，具体要根据实际教学情况而适当调整某个环节。

（4）运动教育模式

运动教育模式是以游戏理论、团队学习理论、情景学习理论为指导思想，以教师直接指导、设计和组织教学，以合作学习和同伴学习为学习方法，通过固定分组、角色扮演等组织形式，在整个教学过程中以比赛为主

线，给不同运动水平的学生提供真实丰富的运动体验的教育模式。运动教育模式的基本特征如图 5-3-5 所示。

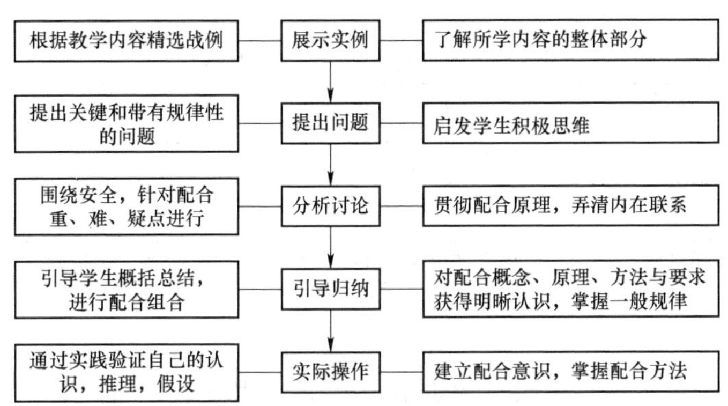

图 5-3-4　案例学习教学模式的操作程序

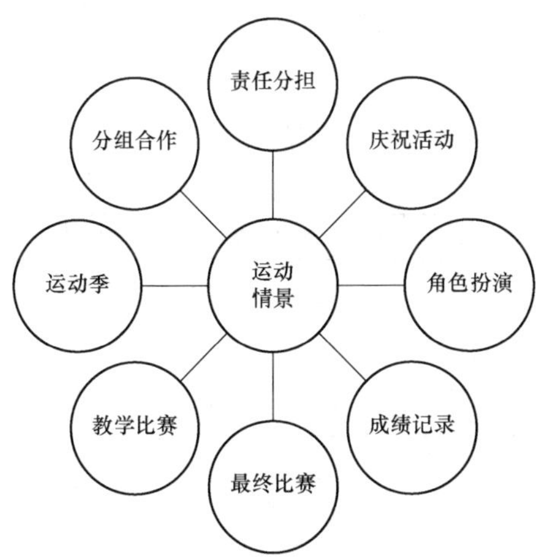

图 5-3-5　运动教育模式的基本特征

在乒乓球教学中采用运动教育模式能够进一步明确与强调学生的主体地位，提升学生的运动参与意识，改善学生的学习态度以及提高学生的学习兴趣，从而更好地培养学生的乒乓球战术意识、比赛能力以及社会适应能力。

在乒乓球教学中应用运动教育模式的具体流程如图 5-3-6 所示。

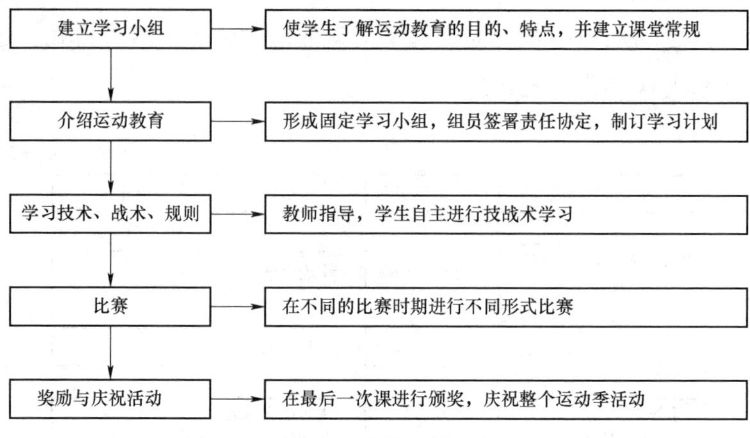

图 5-3-6　应用运动教育模式的流程图

传统教学模式要求按一般的教学单元来组织教学过程，而运动教育模式则要求分季前期、季中期和决赛期三个阶段实施教学，“运动季”教学代替了传统的单元教学形式。这三个阶段的教学工作安排如图 5-3-7 所示。

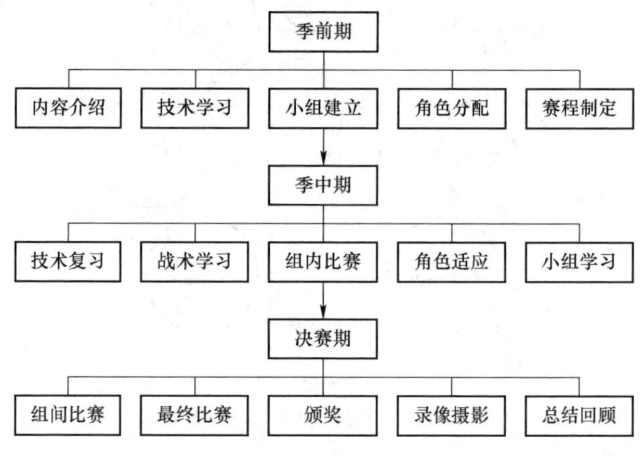

图 5-3-7　运动教育模式的教学工作安排

参考文献

[1] 郭礼喜，刘文波，张毅. 乒乓球运动训练及发展探析［M］. 北京：中国原子能出版社，2017.

[2] 张环. 乒乓球运动教学与训练指导［M］. 北京：中国科学技术出版社，2017.

[3] 周伟，高颖，周玉成. 乒乓球训练与发展理论［M］. 北京：现代教育出版社，2013.

[4] 牟春蕾，朱建农，冯芳. 乒乓球运动教学与训练［M］. 北京：中国原子能出版社，2012.

[5] 乔孟杰. 现代乒乓球的发展与训练技能研究［M］. 武汉：武汉大学出版社，2016.

[6] 杨青，张辉. 乒乓球教学训练与科研［M］. 苏州：苏州大学出版社，2022.

[7] 王吉生. 乒乓球启蒙训练［M］. 北京：人民体育出版社，2020.

[8] 谢虎. 乒乓球教学与训练［M］. 南昌：江西科学技术出版社，2020.

[9] 潘华云. 乒乓球运动发展与教学训练创新研究［M］. 北京：海洋出版社，2022.

[10] 王丹虹，林学政. 乒乓球［M］. 福州：福建科学技术出版社，2013.

[11] 李博. 乒乓球运动创新方法探析：评《塑料品种与选用》［J］. 化学工程，2022，50（12）：86.

[12] 韩金玉，李梓睿. 中国乒乓球队商业赞助发展现状及对策研究［J］. 河南财政税务高等专科学校学报，2022，36（6）：54-57.

［13］蒋津君，刘妍虹．乒乓球运动状态变化的动力学特征及其在搓球和反拉中的应用研究［J］．哈尔滨体育学院学报，2022，40（6）：31-40.

［14］顾巍翀．步法训练在乒乓球技术中的应用［J］．健与美，2022（11）：105-107.

［15］高佩川，杨秋锋．乒乓球运动模型的建立和仿真［J］．当代体育科技，2022，12（30）：188-194.

［16］叶鹏飞．高校乒乓球合作教学模式的路径探究［J］．当代体育科技，2022，12（29）：60-63.

［17］李东哲，和晓燕．砂板与胶皮板乒乓球推挡实验教学研究［J］．内江科技，2022，43（9）：103-104.

［18］王天一．探究训练教学模式在高校体育乒乓球教学中的运用［J］．体育视野，2022（18）：113-115.

［19］黄烨，张超．乒乓球运动训练辅助系统设计［J］．设计，2022，35（14）：58.

［20］何心，蒋雪涛，李游．乒乓球运动技术动作下的体能训练探究［J］．当代体育科技，2022，12（21）：29-32.

［21］张楠．大球训练促进乒乓球初学者接发球旋转判断的实验研究［D］．上海：上海体育学院，2022.

［22］傅骞．乒乓球技能学习刺激目标的位置适应性研究［D］．桂林：广西师范大学，2022.

［23］吕万佳．功能性训练中IHP训练体系对男子乒乓球运动员灵敏素质的影响研究［D］．西安：西安体育学院，2022.

［24］郭诗雨．优秀乒乓球运动员不同线路正手弧圈球技术动作的生物力学差异研究［D］．石家庄：河北师范大学，2022.

［25］尤天慧．高水平乒乓球比赛“暂停”的时机及应用研究［D］．上海：上海体育学院，2022.

[26] 刘莹. 专业乒乓球运动员运动损伤影响因素探究［D］. 南昌：江西师范大学，2022.

[27] 陈静. 情绪对乒乓球运动员预判发球落点任务视觉搜索策略的影响［D］. 大连：辽宁师范大学，2022.

[28] 任家熙. 中国乒乓球队男子直拍运动员许昕技战术运用特征研究［D］. 西安：西安体育学院，2022.

[29] 赵然然. 基于科学知识图谱的国内乒乓球教学研究的可视化分析［D］. 西安：陕西师范大学，2021.

[30] 孙琦. 乒乓球正手拉球的表面肌电特征研究［D］. 北京：北京体育大学，2021.